Rolf Friedrich Schuett

Schlafmützen nennen uns Träumer

*Lumpenproletarische Sprüche:
Capriccios in Kurzschrift*

ROLF FRIEDRICH SCHUETT

Schlafmützen nennen uns Träumer

Lumpenproletarische Sprüche:
Capriccios in Kurzschrift

Books on Demand

Bibliographische Information Der Deutschen Bibliothek:
Die Deutsche Bibliothek verzeichnet diese Publikation in
der Deutschen Nationalbibliographie; detaillierte bibliographische Daten sind im Internet abrufbar über
http://dnb.ddb.de

Copyright © 2017 Rolf Friedrich Schuett

2. erweiterte Auflage

Herstellung und Verlag :

BoD – Books on Demand, Norderstedt

Gedruckt auf alterungsbeständigem Papier
(holz- und säurefrei)

Umschlaggestaltung : E. L. Schmidt

Printed in Germany

ISBN 978-3-7431-9153-2

MIX
Papier aus verantwortungsvollen Quellen
Paper from responsible sources
FSC® C105338

„Wollt ihr etwas Großes leisten, setzt euer Leben dran!
Keiner gehe, wenn er einen Lorbeer tragen will, davon,
Morgens zur Kanzlei mit Akten, Abends auf den Helikon,
Dem ergibt die Kunst sich völlig, der sich völlig ihr ergibt,
Der die Freiheit heißer, als er Not und Hunger fürchtet,
liebt." (*August von Platen*: „Die verhängnisvolle Gabel")

„Ein Schriftsteller ums liebe Brot ist nicht nur Sklave
der öffentlichen Meinung, sondern sogar der Mode,
die ihn nach Belieben reich macht oder hungern läßt."
(Annette von Droste-Hülshoff, 1839)

„Der Aphorismus kennt keinen Zweifel, selbst dort
nicht, wo er vom Zweifel spricht." (*Harald Hartung*:
„Der Tag vor dem Abend", Göttingen 2012, S. 121)

„Ich liebe die kleine Form der Mitteilung. Sie kann,
meine ich, als Information umfassend sein. Sie hat
spielerisches Gewicht und ermöglicht doch jedem die
Hochrechnung vom Detail ins Ganze und Generelle.
Ich habe das Prinzip der Miniatur in den verschiedensten Nuancen angewandt: Vom einfachen Sprichwort
über den satirischen Satz zur musischen Sentenz und
intellektuellen Chiffre." (*Hans Kasper*: „Mitteilungen
über den Menschen", Frankfurt 1978)

„Verzichte ich zugunsten der Übersichtlichkeit und der Systematik auf eigentlich wichtige Gedanken, oder verzichte ich auf Systematik zugunsten wichtiger Gedanken? Um diesen Verlust zu vermeiden, um diesem Dilemma zu entkommen, schrieb schon Nietzsche Aphorismen, oder später Adorno die „Minima moralia". Adornos Hauptwerk ist die „Minima moralia", nicht die „Negative Dialektik" ... Marx ist der letzte große Systematiker und zugleich der Erste, bei dem die Bruchstücke so wichtig sind wie das ausgearbeitete System." (*Wolfgang Pohrt:* „Kapitalismus forever", Berlin 2012, S. 61/62)

INHALT

9   Häcksel und Hackfleisch

58 Zitatsachen : Senilia

63 Idealistischer Lebenslauf

66 Vom „Lumpenproletariat" zum „BGE"

69 Kurzlesebuch der deutschen Philosophie

76 500 Jahre reformierter Protest

79 Fragment zu Selbstbewusstsein und Wahn

98 Monolith, zertrümmert zu Monolithen

meinen Eltern

in Dankbarkeit

Häcksel und Hackfleisch
Urteilssprüche und Freisprüche

Würde Marx Industriearbeiter heutzutage „neureiche Lumpenproletarier" schimpfen und „Mobilgarde der Reaktion"?

Hat die subproletarische „Lazarusschicht der Arbeiterklasse" nun mehr Revolutionspotential?

Dukaten scheißen : Humus für Unkraut, das nicht vergeht?

Aphorismenband : Bild eines erträglichen Gesellschaftssystems, eine lebensfähige Anarchie.

Ist Sein Ebenbild Ihm über den Kopf gewachsen oder zusammen mit Seinem Sohn gestorben?

Der Ewige ist kein Zauberer, aber wird Er die Geister (und Leiber), die Er rief, nicht mehr los?

Wer unter Wasser geht,
schwimmt nicht über Brücken.

Ich langweile mich beim Langweilen anderer so,
das ich lieber zu kurz komme und trete.

Mainstream und Opposition geben sich gern
füreinander aus, um anzugeben.

Liebesbeziehungen werden kurzlebiger, alle Ehen
liebäugeln mit Scheidung, frohlocken Impotente.

Wer den Geschlechtsverkehr verkehrt schildert,
kennt keine Verkehrsschilder mehr.

Man besteigt den Elfenbeinturm von Babel nur,
um sich herabzustürzen – ins Getümmel.

Ich teile eure Meinungen,
aber in mehr Wider-Sprüche.

Widerständler sind oft zu faul zum Weglaufen.

Der Stein der Weisen ist eher ihr Grabstein als ihr Denkmal.

Vergessen heißt verdrängen, dass und was man verdrängt.

Die Natur verrät sich, sobald sie nicht mehr verhört wird.

Selbstbeherrschung lässt sich leichter schmackhaft machen als bevorzugtes Mittel der Weltherrschaft.

Sein Christentum hat Bachs Musik komponiert, nicht lauter Lust an schönstem Lärm.

Aphoristiker tun einen Satz rückwärts: Hochsprung gibt Vorsprung vorm Weiterkommen.

Hilf deinem Gegner. Das schwächt ihn.

Wer auf Chefs herabsieht,
schaut noch nicht zu Bettlern auf.

Das unsterbliche Gerücht vom Jüngsten Gericht
ist wichtig, da der Tod uns eher von Schulden
befreit als von Schuld.

Knechte sind verhinderte Herren, und Herren sind
verhinderte Knechte, doch wer behindert wen?

Auch zum Aussterben kann man zu faul
oder zu fleißig sein.

Im Leben ging mir alles daneben.
Mal klappte es, mal nicht.

Ich fühle mich wie tot.
Nun kann das ewige Leben endlich beginnen.

Der Mörder verteidigte seine Tat als bloße Satire.

Meister bin ich nie geworden,
weder meiner Gewohnheiten,
noch in meinen Gewohnheiten.

Wahrheiten wollen wie Lügen verbreitet werden,
um Gehör zu finden.

Nur ein Trauma erlöst vom vorigen.

Nimm deine Verteidigung endlich in Angriff,
statt deine Angriffe gegen die Verteidigung
zu verteidigen.

Stromausfall ist der Traum jeder Taschenlampe.

Polyphone Sphärenmusik. Erhebe deine Stimme,
vielleicht gehört sie zu kosmischen Opern
für Himmlische, mit viel Kontrapunkt.

Descartes now : Ich denke nach, also bin ich vorn.

Geben macht frei. Das Du ist auch nur ein Ich, und das Wir : noch mehr ich als ich.

Die 26 Buchstaben sind kreativer als der Kopf.

Man arbeitet wie ein Irrer daran, keiner zu werden.

Glaubt nur dem Lügner! Er weiß die Wahrheit.

Rosen und Disteln verstellen sich die Sicht aufeinander.

Elfenbeintürmt vor enragierten Engagierten!

Ich verstehe nicht(s). Dafür werde ich bezahlt.

Kunst gestaltet auch, wie Wahrheit töten kann.

Wer Dingen ausweicht, stolpert über Sprüche;
wer Sprüchen entgeht, scheitert an Dingen.

Heideggers Existenzsorgen. Das Ebenbild Gottes sorgt dafür, das es zu seiner eigenen kleinen Schöpfung auch sagen kann: „Nicht schlecht."

Kunst will keine Lebenssicherheit vor todsicherer Endgültigkeit. Sie will ans Ende, aber end-gültig.

Der Aphoristiker erfasst, wie sich ein langes Leben kurzfasst und der Leser kurzhalten lässt.

Religion macht jeden zum Unkraut, weil er nicht vergänglich sein will.

Schufte schaffen sich viel, Geschaffte schuften dafür.

Steigst du, oder sinkt der Boden (der Tatsachen)?

Démodé à la mode. Edelsteine verhärten Herzen, und Gefühle sind oft steinerweichend.

Rebellen sind es meist nur im Kopf
oder bloß äußerlich.

Gut begründen lässt sich fast alles (auch *dies*), ganz beweisen fast nichts (nicht mal *das*).

Es ist schwer, Leichtes zu schreiben,
und leichter, Schwieriges geschrieben zu haben.

Bei Gott ist jedes Unding möglich. Zu schreiben ist lästig, geschrieben zu haben lustiger.

Dein Leben hat einen Sinn – für deine Ausbeuter, doch für dich nur durch Selbstausbeutung.

Es optimiert noch die Selbstoptimierung,
sie immer kritisch in Frage zu stellen.

Dinge betrachten amüsiert unseren Blick auf sie.

Die aufsässigsten Jugendlichen werden später
die bravsten Spießer, die artigsten Kinder aber
die bravourösesten Rebellen. Bravo!

Der Arme hasst die Arbeit, weil sie Kraft kostet,
der Reiche hasst sie, weil sie Geld kostet.

Wieviel Irrsinn ist noch vernünftig, und
wieviel Kosmos verträgt das Chaos noch?

Unzählige Zahlen. Knackt die Nuss, dass die
Welt in der Nussschale Platz(angst) hat!

Glückwunsch, lieber Leser,
dass du bis hierher durchgehalten hast!

Das Minus hält ein Plus für Minus hoch zwei.

Kunstformen verachten einander als Kunststoffe.

Der Mensch ist schlecht.
Könnte man ihn sonst gut bekämpfen?

Gottes Verstand wirkt wie menschliche Einfalt
und menschliche Bosheit wie Satans Güte.

Am friedlichsten, tolerantesten und gerechtesten
sind Steine zueinander.

Theorie verhält sich zur Praxis wie Wut
zum Wüten oder Köpfchen zum Köpfen.

Gibt es einen Macht- oder Bildungshungertod?

Der Hund zieht sein Herrchen dem Leitwolf vor.

Wer Wirklichkeit sucht, ist kein Realist,
wer neue Ideen versucht, kein Idealist.

Selbstlosigkeit ist die Objektivität von Millionen,
Subjektivität ist die Sachlichkeit von Millionären.

Wer kein Gewissen hat, hat gewiss ein gutes;
wer ein Gewissen hat, hat kein gutes.

Ein wenig Wertvolles ist an jedem Menschen,
sogar am Reichen. Etwas Grips steckt überall,
sogar in Köpfen.

Hast du zu viel Phantasie, um deine Lage zu
verstehen, und zu wenig, um sie zu verbessern?

Das Tier fällt auf die Füße wie ein Stein,
die Pflanze steht aufrecht wie ein Mensch.

Die moderne Physik wirkt wie das Welträtsel,
für dessen Lösung sie sich hält.

Small talks in short-cuts : Begriffstänze

„Ich höre schon das Gras wachsen,
in das ich beißen werde." *(J. N. Nestroy)*

Gott lässt würfeln.

Dieser Satz nach vorn : ein närrischer Luftsprung.

Man hat eher einen Begriff für Gott als von Ihm.

Entschuldigungen verdoppeln
manche Verletzungen.

Tu's oder tu so. Stürzt man (sich) in den Tod?

Kein Brotberuf bringt genug ein,
um deinen Hass auf ihn zu überwinden,
und keine Arbeit, die dich fesselt,
sichert dein Überleben.

Arbeit, die dich anzieht, ist brotlos (aber nicht, *weil* sie dich anzieht). Arbeit, die genug einbringt, stößt dich ab (doch nicht, *weil* sie Geld bringt).

Das Alter kann weniger, aber auch weniger wollen.

Arbeitsfrieden gilt vielen als Kriegsverbrechen.

Ich kann etwas bekämpfen, um glauben zu machen, dass ich das Gegenteil verteidige.

Reif und steif. Wer für Arbeitsfrieden ist, kriegt Krieg mit Gottes Wort.

Märchen und Lügen gelten als alternative Fakten.

Bringt nicht die Muttersprache zur Sprache und die Grabesstille zum Schweigen!

Sprich „über die Natur" hinaus, nicht hinweg!

Platons Ideen, Ideale, Idole und Idyllen

„De rebus quae geruntur" : *„dire en rebus"*

Du bist so groß, dass du nicht siehst, wie groß.

Wie alt? Nie alt. Alter lebt in die Nacht hinein:
Man liebt Weise und hasst Greise.

Jocks & geeks. Entscheidest du dich frei zu dem, was frei über dich beschlossen ist?

Lassen freie Selbstbestimmungen mich nur entdecken, wozu ich von Anfang an bestimmt war?

Lieber aufrecht ins Abseits
als demütig im Rampenlicht?

Das Alter gedenkt alles Ungeschehenen
und plant gern längst Erledigtes.

Jung 2000 : Im Alter nicht mehr ganz der Alte.

Weisheit macht älter als Alter weise.

Will man ewig jung bleiben, denkt man
nicht an die jüngste Vergangenheit.

Altersweise : Nicht mehr so klug wie einst.

Kein Alter ist viel weiser als die Menschheit u. u.

Junge fühlen sich mal mies, Alte mal wohl.

Junge wie Alte reden so viel,
weil sie nichts zu sagen haben.

Moral will, dass Junge alt sind,
bevor sie alt werden.

Demenz heißt, sein Alter zu vergessen.

Auch Vorsichtigste sehen vor sich nur Vorsehung

Wer ist nicht jünger als seine Weltanschauung?

Leben : Bremsweg von kindlich über kindsköpfig zu kindisch.

Ich bin nicht so kalt, wie ich alt, sondern so alt, wie ich kaltblütig und -schnäuzig bin.

Jugend ist idealistisch (produktiv), und Alter ist pragmatisch (reduziert), heißt es. Odo Marquardt sah Junge handlungsfähiger, Alte theoriefähiger. (Alles zum Lachen.)

Welcher Philosoph staunt noch, dass keiner mehr die *vita contemplativa* (bíos theoretikós*)* über die *vita activa* (vel productiva) stellt?

Am ältesten wird, wer schon alt geboren wird.

Alt ist, wer von allem genug hat,
auch wenn er nichts bekommen hat.

Erst denken, dann handeln? Junge machen,
Alte denken nach (denken sie).

Natur ist wunder*schön*, Logik zeitlos *wahr*,
und Esprit hat uns zum *Besten*.

Reine Logik ist so idyllisch wie die *nature morte*.

Stifters *sanftes Gesetz* in Physik, Logik & Lyrik.
Gottes Gesetz macht Frieden mit Weltkriegen
und führt Krieg gegen unseren Arbeitsfrieden.

Dein erstes Sterben ist wie dein erstes Leben
auch wohl das letzte.

Ich glaube nicht, dass ich etwas weiß,
und weiß nicht, ob ich etwas glaube.

Vorsicht erklärt mein Alter zu wenig,
unvorhersehbare Vorsehung zu viel.

Zufall beweist zu wenig, Schicksal zu viel,
ein Gott alles und nichts.

Erst ist Arbeitskraft, dann Altersschwäche eine
Ware, für die man eine kräftige Schwäche hat.

Kurz ist das Leben, länger das Alter.

Der Sturm auf die Bastille war ein Sturm
auf klassisch Klarheit und Maß. Die Folge
der Revolution war mittelalterliche Romantik.

Ich denke an Gedanken, *also bin ich* am Denken.
Ich denke für euch, *also bin ich* für euch.

Wahrhaft erfahren hat man nur,
was man nicht wahrhaben will.

Geld und Zeit. Große Genüsse kann sich das Alter
so wenig leisten wie die Jugend.

Jedes Leben ist ein Verbrechen.
Keins kommt mit ihm selbst davon.

Für weniger Dinge braucht der Alte mehr Zeit
und hat weniger.

Man entweicht dem Kerker der Unabhängigkeit
in die freie Luft der Galeerenfron.

Kapitalismus ist die gerechte Strafe für alle,
die seine Füllhörner nicht missen mögen.

Antikapitalistische Konsummuffel
sind als Steuerhinterzieher zu belangen.

„Alte Wagen klappern, alte Menschen plappern."

„Das Alter, das man haben möchte, verdirbt einem das Alter, das man hat." *(P. Heyse)*

Zeit ist in dir, und du bist im Raum.
Also ist Zeit im Raum – doch nur in dir.

Heidegger. Ist eine Philosophie mehr als Abwehr von allem, was sich über sie sagen lässt?

Die Zahl der Bücher, deren Autor zur Zeit der Abfassung älter war als der Leser zur Zeit der Lektüre, schrumpft wie unsere Lebenszeit.

Die vernünftigsten Argumente gegen den Krieg sind die, gegen die er überhaupt geführt wird, um zu erreichen, was sonst nie gelänge.

Nicht jeder Masochismus ist realistische Wahrheitsliebe, nicht jeder Sadismus idealistische Naturbeherrschung.

Der Satz, dass metaphysische Sätze sinnlos seien,
ist ein sinnlos metaphysischer Satz. (Auch dieser)

Unterscheide dich von anderen dadurch,
dass du ihre Unterschiede übersiehst.

Wer zu präzise über Gefühle sprechen kann,
redet oft zu vage über exakte Wissenschaften.

Sah Freud in jedem Eigenheim ein Inzuchthaus?

Gott handelt nur menschlich,
soweit er kein Menschenwerk ist.

Wer Menschenkenntnis besitzt,
muss schon eine rechte Sklavennatur sein.

Junge werden alt, Alte bleiben nicht alt: Großes
glückt Jungen noch nicht und Alten nicht mehr.

Deutsche Romantiker konnten die Revolution
nur haben, indem sie sich von Napoleon schlagen
ließen, und sich von ihm nur befreien, indem sie
sich den deutschen Fürsten unterwarfen.

Erst vorgemacht, dann nachgedacht? Je nachdem,
ob du ihn vor oder nach deinen Worten und Taten
siehst, sieht du einen ganz anderen Menschen.

Sind 7 Jahre vor dir länger als 70 Jahre hinter dir?

Ist heute den Alten mehr neu, als Kindern je war?

Man weiß schon besser, was morgen kommt,
als was gestern war und heute nicht ist.

Philosophische Disziplinen. Logik, Physik, Ethik:
Paradoxien, Naturästhetik, Moralistik.

Aufklärung 2000 wäre eine Selbstdemotivierung
der Industrie- und Drecksarbeiter : pure Utopie.

Geschafft oder Geschäft?

Radikale Arbeitszeitverkürzung für alle ist nicht sinnvoll, um weniger, sondern um mehr arbeiten zu können. Wer nicht in Fabrik und Büro weniger schuften will, um mehr lesen, dichten und malen, sondern um mehr saufen, fernsehen und angeln zu können, der will mehr schuften, um nicht lesen, schreiben und musizieren zu müssen.

Um Künstler zu sein, muss man nicht erst die klassenlose Gesellschaft schaffen. Man muss schon Dichter sein, um sie erkämpfen zu wollen.

Wie vielen (außer dem „Volk") muss man nach dem Munde reden, um als *Populist* zu gelten?

Sind Elementarteilchen real und das unbegrenzte All nur eine Idee oder nur das Universum real und seine unendliche Teilung ein bloßes Ideal?

Blumenberg? Die Lebenszeit würde ausreichen, *Weltzeit* zu sein, aber die um die Arbeitszeit verkürzte Lebenszeit nur Umweltzeit.

Rechtsprechung ist eine Absprache,
die jedem sein Vorrecht abspricht.

Kant : Behandle andere nie nur der Erscheinung
nach, sondern immer auch als *Dinge an sich* !

Mein Ehrgeiz will andere nicht auf ihrem
Lieblingsgebiet schlagen, sondern nachweisen,
dass es nicht wert ist, dort Sieger zu sein.

Ein Buch kann schlechter die Welt verbessern,
als die Welt ein Buch schlecht machen.

Philosophie : Ablösung einer Konfusion
mit der nächsten durch ihre Auflösung.

Objektivität heißt heute, subjektive Autonomie
in technischen Objekten zu automatisieren.

Gaya. Entwickelte Nietzsche seine Machometa-
physik aus Abwehr von Tuntenphilosophien?

Sartre war interessanter als der klügere Camus, aber langsam von Begriff wie heute Habermas.

Dass Zölibatäre Übervölkerung predigen, spricht nie für Sterilisationskreuzzüge in der Dritten Welt

Es sagt etwas, dass du etwas zu sagen hast, doch was du gesagt hast, hat nichts zu sagen.

Werden schon mehr Bürger von Proletarisierung bedroht als Arbeiter von Verkleinbürgerlichung?

Freud? Was ist aus dem Bewusstsein verdrängter als jene, die nicht nur aus dem Bewusstsein verdrängt sind?

Wissenschaftliche Weltentzauberung wird nur noch unbewusst von Unwissenden entzaubert.

Schüttete Adorno das vernünftige Kind mit dem wegrationalisierten Bad aus?

Hat es Sinn, mehr zu erleben, als was sich aufzeichnen lässt, oder nur umgekehrt?

Endlose Zukunft kann noch verfließen, nicht aber endlose Vergangenheit schon verflossen sein.

Hätte die Welt keinen Anfang, könnte nie mehr Neues passieren.

Der eine sucht sein Glück im Verfolgen von Zielen, der andere sein Ziel im Verfolgen von Glück.

Dass wir die Welt nicht geschaffen haben, muss unser Werk sein, und *dass* das Sein abhängt vom Bewusstsein, gilt unabhängig vom Bewusstsein.

Man denkt anders als seine Kinder und Eltern und will nicht merken, dass man damit wie seine Enkel und Großeltern fühlt.

Kurzsichtigkeit ist das beste Vergrößerungsglas.

Große Kunst lässt auch Kenner nicht mehr erkennen als : „Das kannst du nicht!"

Christen essen lieber Schweinefleisch, als sich beschneiden zu lassen, und lieben lieber tausend Nächste, als nur zehn Gebote zu halten.

Wer Taten sprechen lässt, handelt mit Worten.

Was kann so richtig sein,
dass nicht einmal das Gegenteil falsch ist?

Große Kunst lebt *von* ihrem Kenner und spricht *für* ihren Kunden : an seiner Stelle gegen ihn.

Schützt Mutter Natur vorm Vatergott, der uns vom Rockzipfel der Mütter emanzipiert?

Wer sich entschließen, weil unlogisch schließen kann, hält sich für geistig aufgeschlossen.

War Gott für Nietzsche eine zu starke Hypothese,
ist bloße Materie eine zu schwache Theorie.

Je mehr Güter, desto weniger Götter und Güte?

Am Anfang war das letzte Wort. Das macht selbst
fromme Dichtung zu Kinderspiel oder Frevel.

Freie Gewerkschaften sind zu verwildert,
um wilde Streiks zu unterstützen.

Mit Plan gegen Pan. Globalisierte *Ökopaxe*
wurden Morgenthauplaner gegen Marshallplaner.

Ist das Aussehen der Welt das Gesicht, das sie
macht, bevor ich es ziehe, oder umgekehrt?

Wird eher Wahrheit durch Geschichte
oder Natur durch Gesetze verdunkelt?

Die Trennung von Staat und Kirche wurde nicht
Verbindung von Macht und Geist.

Man denkt an mich, also bin ich an sich, und
jeder denkt an sich, also bin ich für mich allein.

Ein Dichter schreibt eher über den Tod
als sich über ihn hinaus.

Wie kann man Irre zur Vernunft bringen,
ohne ins Irrenhaus zu kommen, und wie Vernunft
realisieren, ohne sie zu rationalisieren?

Habermas will die „Bewusstseinsphilosophie"
bewusst durch das „Verständigungsparadigma"
ersetzen, also durch bewusstlose Quasselstrippen.

Sartre recalled : condamné à fraternité-terreur?

Wer die Wahrheit über Flüsse sagt, vereist sie.

Ich will ewige Wiederkehr der gleichen Chance,
die *ewige Wiederkehr des Gleichen* zu stoppen.

Bei Hegel wird in der Kunst der Sinn sinnlich,
bei Nietzsche die Sinnlichkeit selber sinnvoll:
der Schein wird seine eigene Idee,
die nie erscheint.

Dass alles gesellschaftlich geschichtlich bedingt
sei, ist selbst sozio-historisch bedingt. Ist die Bedingtheit jeder Bedingtheit also ein Absolutum
oder unendlicher Regress?

Die einen können ihren Tiefsinn nicht vertreten,
die andern ihren Unsinn nicht für sich behalten.

Gerügt wird die Selbstgenügsamkeit des Geistes
statt der Geistlosen (samt Begeisterung für sie).

Hegels *Geist* wird eher zu wenig als zu viel bewusst, Marxens Materielles zu wenig finanziell.

Sein Gesetz ist für jene, die sich an Gott stören,
der liebe Gott nie für jene, die sein Gesetz ächten.

Was die Logik kann, kann keine Zeit,
was die Zeit schafft, will keine Lyrik und Physik.

Die Mehrheit der Mütter, die bei Kindern zuhause
bleiben, haben sich vom Fließband emanzipiert.

Lebte ich doppelt so lange, wäre ich schon zwei
verschiedene Menschen.

Nachdenkliche Urteile werden nicht vorurteils-
loser, wenn sie mehr Nachteile bringen.

Wären Bürger, die Maschinen stürmen, so dumm
wie Arbeiter, die sie nicht sabotieren?

Leben ist der kurze Weg von Gedankenlosigkeit
zu Gedächtnisschwund.

Pfarrer sollten mehr für ihre Religion leben
als von ihrer Kirche.

Wer die Grundsätze über Bord wirft,
setzt sein Lebensschifflein auf Grund.

Jede Selbstbestimmung bestimmt sich daraus,
dass niemand das maßlose Maß aller Dinge ist.

Ist jede Revolte integraler Teil des Systems, um
dessen überlebensnotwendige Selbstkorrekturen
seinen Todfeinden aufzubürden, wäre deine
Überanpassung die wahre Rebellion.

Heute wird man abhängig oder abgehängt.

Ungerechte Globalisierung: Alle gewinnen, doch
manche besiegen die Gewinner haushoch.

Können Seine Ebenbilder die ganze Schöpfung so
wenig durchschauen wie den Schöpfer selbst?

Satte Bürger hungern und dürsten nach Appetit.
Die Appetitzügler des Armen sind Speisen.

Erkenne dich selbst –
als unbekannt und unverkannt.

Dass einer ein ängstlicher Mensch ist,
fällt erst im Alter kaum noch auf.

Uni(n)formiert. Man führt ein Leben,
aber nicht aus, man deutet es nicht, aber an.

Die Wahrheit besteht im Leben darin,
dass man über Unsinniges auch nur Unsinn redet.

War gegen seinen verhassten Stiefvater Jo(seph)
gesagt, den Ingenieur Mancy, was Sartre über die
Quantität an bloßer Oberfläche des Seins sagte?

Mathematik soll Einfachheit und Schönheit
zeigen, ohne sie berechnen zu können.

Kann man etwas anschauen
und zugleich durchschauen?

Ein Einzelner fällt. Kein Einzelfall.

Ist jüngste Vergangenheit unbewältigte Zukunft?

Götter sind ewig jung, Herrscher immer alt,
ihre Opfer nie jung und nie alt.

Urteile verurteilen nicht immer, aber distanzieren.
Was ein Begriff sagt, übersieht alle Unterschiede
seiner Objekte : Alle gleich, jeder anders als du.

Zur Gewalt werden Gedanken durch Gefühle
oder Gefühle durch Gedankenlosigkeit.

Gibt ein logischer Schluss des einen aus dem
andern abschließenden Aufschluss ausschließlich
übers eine oder andere?

Denken heißt sein Gedächtnis verstehen.

Kein Sinn für Gegenwart verliert den Augenblick aus den Augen, aus dem Sinn.

Dass alles seinen Tiefstand erreicht, ist die Höhe.

Im Alter kommt Sehschwäche, aber das Sehen selbst ist eine Schwäche für Sehensunwürdiges.

Ist Moral nobelste Art, an der Welt zu scheitern?

Bildung ist das Privileg, keins zu brauchen.

Das einzig Wahre, dass jeder sterben muss, gilt als das einzig Falsche und Irre.

Ich traue keinem, denn ich betrüge alle.

Auch der Mächtige hat eine Schwäche –
für Schwächere wie für Stärkere.

Wahrscheinlich passiert immer,
was wahr zu sein scheint.

Größer als Illusionen sind nur die über sie.

Nähe vergrößert die Fehler, Distanz die Vorzüge.

Wer Dinge nicht anerkennen will,
darf sie nicht verändern wollen.

Ich höre nicht zu und habe nichts zu sagen.
Aus Solidarität mit Taubstummen?

Wir finden nur, was uns sucht, wir suchen,
was uns gefunden hat, und versuchen,
was uns erfinden kann.

Radikaler Konstruktivismus heißt, auch Gottes Ebenbild erschafft die Welt aus dem Nichts.

Die kürzeste Verbindung zwischen zwei Standpunkten ist der umständliche Umweg der Kultur.

Der Böse tut Gutes, wenn´s ihm guttut.

WikiLeaks : Verschwörung(stheorie) gegen alle Verschwörung(stheori)en?

Die Aufklärung darüber, dass keine mehr hilft, hilft auch keinem.

Ein Lebenslauf ist vorläufig, dann zwangsläufig endzielführend und steht sich lebenslang im Weg zu seinem habseligen Ende.

Eine falsche Schlange macht Falschaussagen. Moralische Verfehlungen sind ja Denkfehler.

Metasprache Metaphysik : Fragen über Fragen.

Quadratur des Bekanntenkreises? Vier Freunde.

In Wahrheit werden Irrtümer bewahrheitet
wie Wahrheiten belogen.

Gewissensbisswunden sind oft fremdschamrot.

Führt ein Apfel vom Baum der Bekenntnisse
zurück ins Paradies (der Mundwerktätigen)?

Aphoristiker : Spitzenforscher der Metasprachen.

Wenn alles so kompliziert wäre wie das Leben
der einfachen Leute, wäre man ihr Komplize.

Glaubhafte Reue : brauchbares Erpressungsmittel.

Zensur ist die Auflage für ein Druckwerk,
keine Auflage zu haben.

Ludwig Wittgenstein : Sprachspielautomat gegen
Sprachspielverderber und die Welt als Sonderfall.

Das Gute fällt seiner Realisierung schneller
zum Opfer als die Realität ihrer Verbesserung.

Iss vom Baum der Erkenntnis, wie man das Paradies abschafft, indem man sein eigenes erschafft!

Selbstmord macht nicht selbstloser
als Selbstbewusstsein.

Ein guter Wille ist beim besten Willen
kein fester, eiserner und eigener.

Der langsamste Leser macht jeden Satz
zum schlechten Aphorismus.

Was hältst du für haltbarer als dich?

Schreiben ist der Ausgang des Menschen aus seiner selbstverschuldeten (Vor-)Mündlichkeit.

Wer nichts zu sagen hat,
hat vielleicht schon alles ausgeplappert.

Umweltoffen : weltfremd beschränkt.

Das Schlaraffenland bietet nur Äpfel vom Baum der Erkenntnis, wie man dort hinkommt.

Der Existenzkampf ist ein Totenscheingefecht.

Religion ist die erste Distanz zur letzten Instanz.

Ein Untäter ist besser als der Untätige – in der Tat

Materialismus : Plattfußnote zu Platon.

Lebendiges Schaffen belebt nur das Geschäft
und das große Fressen das große Geschäft.

Gebildete gehen kultivierte Umwege,
um nicht auf der Strecke zu bleiben.

Der Stand der Forschung ist forscher Fortschritt.

In aller Munde ist vor allem Luft.

Jeder Aphorismus hat den Ehrgeiz, noch seine
Selbstbestimmung Lügen zu strafen.

Hirnforschung : Der Kopf ist selbstgenügsam.

Besteht mein Verdienst darin, deinem zu dienen?

„Es gibt kein richtiges Leben im falschen",
als seine Falschheit zu berichten.

One apple a day *(from tree of knowledge)*
keeps mental doctor away.

War das Paradies auf oder unter dem Apfelbaum
der Erkenntnis?

Dialektik ist der springende Schwachpunkt an der
S(pr)ache als Mittelstandpunkt ohne Endpunkt.

Sprache bewerkstelligt ein Mundwerk,
das Licht der Vernunft ein Blendwerk.

Mancher übt Selbstkritik,
um sich nicht überzeugen lassen zu müssen.

Ein guter Kopf verliert seinen Blick(winkel)
nie aus den Augen.

Motivieren heißt anfeuern, ohne einzuäschern.

Werte? Ist die Lebensreise ihr Endziel wert o. u.?

Liegt deine Bestimmung denn bestimmt darin,
sie selbstbestimmt zu suchen oder zu ersuchen?

Geistiger Papierkrieg : Augenscheingefechte.
Produktionsschlachten : Geldscheingefechte.

Uniformen halten nicht inne bei Inhalten.

Wer jedes gelesene Buch auf eine Sentenz
komprimiert, schreibt einen Aphorismenband.

Glasklarer Denkanstoß : Gedankensplitter.

Schwermut ist der Mut der Unmutigen.

Das nächste Gut(e) entsteht durch Ausbesserung
des Nächstbesten.

Du setzt dich über den Boden der Tatsachen hinweg, du hast Grundsätze.

Tatsachen könnte ich nur ins Auge sehen,
in das sie mich fassen könnten.

Was Zähne hat, spitze Zunge und einen Riecher,
ist noch kein Kopf.

Köpfe sind nun aufgeklärt übers Geschlecht,
die Geschlechter schlechter über den Kopf.

Entscheidender wäre ein Unentschieden und entschiedenes Vorgehen gegen beschlossene Sachen.

Der Künstler drückt beeindruckender aus,
dass er sich drückt, als wo es ihn drückt.

Würde alles anders, wäre es anders als gedacht.

Künste und Wissenschaften bereichern den ärmsten, ihr Fehlen verarmt den reichsten Menschen.

Wer die Feder führt, lässt keine.

Das Universum wird nicht klug aus uns, denn Händler, News und Räuber haben denselben Gott.

Wer Vergangenes nicht vergehen lässt, vergeht sich am Unvergänglichen.

Iss vom Baum der Erkenntnis, um aus dem *Paradies der Werktätigen* vertrieben zu werden!

Freie Wahl : Lump auf Pump oder Held für Geld.

Du kannst keinen Staat machen – mit dir.

Speicherchips, witzig winzig

Erst dienst du mir, dann bedienst du mich,
dann dich meiner, und bist dann bedient.

Iss vom Baum der Erkenntnis, um ins *Paradies
der Kunstwerktätigen* vertrieben zu werden!

Quadratur des Gesichtskreises :
Mit Frauenzimmern in Schlafzimmern.

Natur ist in Zahlen erzählt. Mathematik siegt in
der Physik, weil idealisierende Vereinfachungen
ausreichend genaue Näherungswerte ergeben.

Ich wurzele im Kopf und kröne mich mit Füßen,
die auf Milchstraßenpflaster entlaufen.

Weil du mal früher zu Bett gehst,
geht die Sonne nicht eher auf oder unter.

Beende nie das Denken, um ans Ende zu denken.

Wes Brot ich besing, des Lied ich (verg)ess.

Da Menschen eher Mitmenschen als Atomwaffen
fürchten, warten wir wohl auf stärkere Waffen,
die wir mehr fürchten als einander.

Ich würde lieber wissen, was heute ist, als was in
1000 Jahren sein wird oder vor 10000 Jahren war.
Leider ist das eine ohne das andere nie zu haben.

Wird ein Mensch immer älter, weil seine Zeit
immer jünger wird, oder eher umgekehrt?

Der Sinn der Sinnlichkeit ist eher Besinnung
als Behandlung (oder Obsthandlung).

Gibt es selbstbewusste menschliche Identität
ohne selbstidentische Objekte oder umgekehrt?

Pessimisten zählen Zuversicht zu Versehen.

Mehr zu fürchten als eine Vergangenheit, die es noch nie gab, ist Zukunft, die schon mal da war.

In reichen Branchen wird gestreikt, nie in armen.

Wer dem Roman metaphysischen Tiefgang geben will, gibt der Philosophie nur literarische Leicht(fert)igkeit.

Kalauer heißt: Erkenntnis, Verbinden von Vielen nach einer Regel. *Liebe*, Verbindung von Zweien nach einer Monatsregel.

Glaube oder Vernunft? Kredit-Credo oder rationellste Ameisenstaatsraison.

Da kann die Sonne oft aufgehen, bis meiner Vernunft ein Licht aufgeht oder eine Rechnung.

„Die Natur ist keine Mutter, sondern eine Schwester."
(Paul Claudel)

Der Mittelstand gehorcht nur einem strengen Befehl, streng zu befehlen.

Derrida sprach vom „phallozentrischen Charakter der platonischen Metaphysik". Aber Plato sprach von Homophil(osoph)ie, nicht vom Patriarchat.

Wer einst Gott erkannte, sah alles klar.
Wer nichts (v)erklärt, hat nun Gott verkannt.

Wo Faustrecht herrscht, nimmt man sich lieber seine Rechtlosigkeit.

Auch Liebe lebt von ihren Feinden.

Mein Wort will keine Leser verletzen, sondern nur ihr dickes Fell zeigen.

Zitatsachen : S e n i l i a

Geist ist die Jugend des Alters.

Erst wenn man alt wird, verstünde man,
so recht jung zu sein. *(E. Wertheimer)*

Voraussetzung für die Höflichkeit ist,
dass die Leute sich alt fühlen. *(Billy)*

Kein Mensch kann so alt werden,
dass er alles besser weiß. *(Unbekannt)*

Alt werden : das Lernen verlernen und den Mut
zum Mut verlieren. *(G. Uhlenbruck)*

Erst wenn man alt wird, spürt man die Schläge,
die man als Kind bekam. *(aus Wales)*

Schade, dass die Zeit zwischen *zu jung* und *zu alt*
so kurz ist. *(Montesquieu)*

Wer für die Sünde zu alt ist, preist die Tugend.
(Sprichwort)

Wer jung bleiben will, muss erst alt werden.
(Unbekannt)

Jeder möchte lange leben, aber keiner alt werden.
(J. Swift)

Die Menschen haben zwei Wünsche – alt werden und jung bleiben. *(P. Bamm)*

Wer sehr alt werden will, muss beizeiten damit anfangen. *(Karl Kraus)*

Wer mit 100 noch raucht, wird nicht alt werden.
(G. Koch)

Philosophen sind in der Jugend alt
und im Alter jung. *(U. Erckenbrecht)*

So alt, wie wir aussehen, werden wir nie.
(Anonym)

Alter macht nicht weise, aber Weisheit alt.
(M. Rumpf)

Nichts macht so alt wie Glück. *(Oscar Wilde)*

Ich habe mir die Zeit vertrieben, jetzt vertreibt
mich die Zeit. *(W. Shakespeare)*

Alter : Lebensabschnitt, in dem wir die Sünden,
denen wir nicht mehr frönen, dadurch wettmachen, dass wir die Sünden schmähen, die zu begehen wir nicht mehr imstande sind. *(A. Bierce)*

Die Jugend ist etwas Wundervolles. Es ist eine
Schande, dass man sie an Kinder vergeudet.
(G. B. Shaw)

Im Alter gibt es keinen schöneren Trost, als dass
man die ganze Kraft seiner Jugend Werken einverleibt hat, die nicht mitaltern. *(Schopenhauer)*

Nur das Alter ist jung, ach!
und die Jugend ist alt. *(Fr. Schiller)*

Das Alter verklärt oder versteinert.
(Marie von Ebner-Eschenbach)

Nichts macht schneller alt als der immer
vorschwebende Gedanke, dass man älter wird.
(G. Chr. Lichtenberg)

Das Alter hört sich gern, auch wenn es nicht viel
zu sagen hat. *(J. W. Goethe)*

Es ist das Vorrecht der Alten, keine Sache weder
zu viel noch zu wenig zu tun. *(G. E. Lessing)*

Die Alten zum Rat, die Jungen zur Tat.
Jugend wagt, und Alter wägt. *(Sprichwörter)*

Das Alte wird nie alt, alt wird nur das Neue.
(Fr. Rückert)

Wenn man alt wird, muss man mehr tun,
als da man jung war. *(J. W. Goethe)*

Je höher die Lebenserwartung, desto weniger darf
man vom Leben erwarten. *(G. Kocher)*

Altern heißt, Illusionen durch Vorurteile ersetzen.

Statt der Ewigen Jugend erleben wir
das Ewige Alter. *(G. Kocher)*

Über das gegenwärtige Alter tröstet nur
das zukünftige. *(E. Wertheimer)*

Das Gute an der Senilität ist, dass sie
einen hindert, sie zu bemerken. *(P. Heyse)*

Die Tugend nistet, wie der Rabe,
mit Vorliebe in Ruinen. *(A. France)*

In der Jugend wollen wir die Zeit auf den Kopf
stellen. Später stellen wir uns auf den Kopf,
um uns ihr anzupassen. *(Z. Petan)*

Alte Leute geben gern gute Lehren, um sich darüber zu trösten, dass sie nicht mehr imstande
sind, böse Beispiele zu geben. *(Larochefocauld)*

Im Alter lassen alle Sinne nach – ausgenommen
der Starrsinn. *(Unbekannt)*

Man ist in den besten Jahren, wenn man die guten
hinter sich hat. *(A. Maurois)*

In der Jugend hat man die Anti-Thesen im Mund,
im Alter nur noch die Prothesen. *(G. Uhlenbruck)*

Wer älter aussehen will, als er ist,
suche sich zu verjüngen! *(E. Wertheimer)*

Idealistischer Lebenslauf

„Das Vernünftigste aber, was die Kinder mit ihrem Spielzeug machen können, ist, daß sie dasselbe zerbrechen ... Die Hauptsache aber ist hier das in ihnen erwachende Gefühl, daß sie noch nicht sind, was sie sein sollen ... Während das Gefühl der unmittelbaren Einheit mit den Eltern die geistige Muttermilch ist, durch deren Einsaugung die Kinder gedeihen, zieht das eigene Bedürfnis der letzteren, groß zu werden, dieselben groß. Dies eigene Streben der Kinder nach Erziehung ist das immanente Moment aller Erziehung. Was der Knabe lernen soll, muß ihm daher auf- und mit Autorität gegeben werden; er hat das Gefühl, daß dies Gegebene gegen ihn ein Höheres ist. Dieses Gefühl ist bei der Erziehung sorgfältig festzuhalten. Deshalb muß man für eine völlige Verkehrtheit die spielende Pädagogik erklären, die das Ernste als Spiel an die Kinder gebracht wissen will und an die Erzieher die Forderung macht, sich zu dem kindischen Sinne der Schüler herunterzulassen, anstatt diese zum Ernste der Sache heraufzuheben ... Allerdings muß das eigene Denken der Kinder geweckt werden; aber man darf die Würde der Sache ihrem unreifen, eitlen Verstande nicht preisgeben ... er muß gehorchen, um gebieten zu lernen. Der Gehorsam ist der Anfang aller Weisheit ... Erlaubt man dagegen den Kindern zu tun, was ihnen beliebt, begeht man noch obenein die Torheit, ihnen Gründe für ihre Beliebigkeiten an die Hand zu geben, so verfällt man in die schlechteste Weise der Erziehung, so entsteht in den Kindern ein beklagenswertes Sicheinhausen in besonderes Belieben, in absonderliche Gescheitheit, in selbstsüchtiges Interesse – die Wurzel alles Bösen. Von Natur ist das Kind weder böse noch gut ... Diese unwissende Unschuld für ein Ideal zu halten und zu ihr sich zurückzusehnen, würde läppisch sein; dieselbe ist ohne Wert und von kurzer Dauer ... In der (Familie) gilt das Kind in seiner unmittelbaren Einzelheit, wird geliebt, sein Betragen mag gut oder schlecht sein. In der Schule dagegen verliert die Unmittelbarkeit des Kindes ihre Geltung; hier wird dasselbe nur insofern geachtet, als es Wert hat, als es etwas leistet; hier wird es nicht mehr bloß geliebt, sondern nach allgemeinen Bestimmungen kritisiert und gerichtet ...

Anfangs kann dem Jünglinge der Übergang aus seinem idealen Leben in die bürgerliche Gesellschaft als ein schmerzhafter Übergang ins Philisterleben erscheinen ... so kann dem Menschen die beginnende Beschäftigung mit Einzelheiten doch sehr peinlich sein und die Unmöglichkeit einer unmittelbaren Verwirklichung seiner Ideale ihn hypochondrisch machen. Dieser Hypochondrie, wie unscheinbar sie auch bei vielen sein mag, entgeht nicht leicht jemand. Je später der Mensch von ihr befallen wird, desto bedenklicher sind ihre Symptome. Bei schwachen Naturen kann sich dieselbe durch das ganze Leben hindurchziehen. In dieser krankhaften Stimmung will der Mensch seine Subjektivität nicht aufgeben, vermag den Widerwillen gegen die Wirklichkeit nicht zu überwinden ... Will daher der Mensch nicht untergehen, so muß er die Welt als eine selbständige, im wesentlichen fertige anerkennen, die von derselben ihm gestellten Bedingungen annehmen und ihrer Sprödigkeit dasjenige abringen, was er für sich selber haben will. Zu dieser Fügsamkeit glaubt sich der Mensch in der Regel nur aus Not verstehen zu müssen. In Wahrheit aber muß diese Einheit mit der Welt nicht als ein Verhältnis der Not, sondern als das vernünftige Verhältnis erkannt werden."

„Alte Röhren tropfen gern." *(Sprichwort)*

„... zugleich mit dem Gegensatze des Subjekts und des Objekts verschwindet das Interesse des ersteren an dem letzteren ... Der *Greis* lebt ohne bestimmtes Interesse, da er die Hoffnung, früher gehegte Ideale verwirklichen zu können, aufgegeben hat und ihm die Zukunft überhaupt nichts Neues zu versprechen scheint, er vielmehr von allem, was ihm etwa noch begegnen mag, schon das Allgemeine, Wesentliche zu kennen glaubt. So ist der Sinn des Greises nur diesem Allgemeinen und der Vergangenheit zugewendet, welcher er die Erkenntnis dieses Allgemeinen verdankt. Indem er aber so in der Erinnerung an das Vergangene und an das Substantielle lebt, verliert er für das Einzelne der Gegenwart und für das Willkürliche, zum Beispiel für die Namen, das Gedächtnis ebenso sehr, wie er umgekehrt die weisen Lehren der Erfahrung in seinem Geiste festhält und Jüngeren zu predigen sich für verpflichtet hält. Diese Weisheit aber, dies leblose vollkommene Zusammengegangensein der subjektiven Tätigkeit mit ihrer Welt, führt zur gegensatzlosen Kindheit nicht weniger zurück, als die zur prozeßlosen Gewohnheit gewordene Tätigkeit seines physischen Organismus zur abstrakten Negation der lebendigen Einzelheit, — zum *Tode* fortgeht."

(*G. W. F. Hegel* : „Enzyklopädie der philosophischen Wissenschaften", Band I)

Vom „Lumpenproletariat" zum „BGE"

Marx sah im Sozialismus einen „Verein freier Produzenten", keine „Masse von Lumpenproletariern" : „ ... neben verkommenen und abenteuernden Ablegern der Bourgeoisie, Vagabunden, entlassene Soldaten, entlaufene Zuchthaussträflinge, Gauner, Gaukler, Lazaronis, Taschendiebe, Taschenspieler, Spieler, Maquereaus, Bordellhalter, Lastträger, Tagelöhner, Orgeldreher, Lumpensammler, Scherenschleifer, Kesselflicker, Bettler, kurz die ganze unbestimmte, aufgelöste, hin- und hergeworfene Masse, die die Franzosen la Bohème nennen ... sich auf Kosten der arbeitenden Nation wohl zu tun." (*Karl Marx* : „Der 18. Brumaire des Louis Bonaparte", Insel-Ausgabe, FFM, S. 71)
„Schenken und Pumpen, darauf beschränkt sich die Finanzwissenschaft des Lumpenproletariats, des vornehmen wie des gemeinen." (a.a.O., S. 64)
Marx erkannte in dieser parasitären „Lazarusschicht der Arbeiterklasse" kein rebellisches Potential, sondern eine „Mobilgarde der Reaktion" und Gefahr für die Revolution. Dieser „Bodensatz der Bevölkerung" sei passiv, unorganisierbar, klassenunbewusst, sozialstaatlich disziplinierbar, bestechungsirresistent durch Klassengegner und ein zu unzuverlässiger Bündnispartner, ein „tiefster Niederschlag der relativen Überbevölkerung" und eine jederzeit disponible „industrielle Reservearmee". Max Stirner wirft er in seiner „Deutschen Ideologie" vor, proletarische Produzenten mit überschuldeten Konsumenten zu verwechseln, und spielt die potentiell revolutionäre „relative Verelendung der Arbeiterklasse" aus gegen „subproletarische Verlumpung". Das „Kommunistische Manifest" von 1844 spricht von „passive(r) Verfaulung der untersten Schichten der alten Gesellschaft", „bereitwillig, sich

zu reaktionären Umtrieben erkaufen zu lassen" von Demagogen oder von sozialstaatlicher Ruhigstellung. Der Sozialismus war nicht gedacht als Sozialstaat für Arbeitslose und für *arbeitsscheues Gesindel*. Noch das „Görlitzer Programm" der SPD von 1922 spricht von einem „Bevölkerungskonglomerat aus Vagabunden, Arbeitsscheuen, Hausierbettlern, Prostituierten, Zuhältern, Trunkenbolden und sonstigen Verwahrlosten" als einer „Gefahr und Bürde für jedes Gemeinwesen."

Das „bedingungslose Grundeinkommen", nicht um zu faulenzen bei Bierdosen und Online-Pornos, sondern um nicht „entfremdet" schuften zu müssen, um ungestört vom Erwerbszwang intellektuell und künstlerisch arbeiten zu können, aber nicht für eine Nachfrage auf dem freien Markt des Warentauschs, sondern um Nutzloses herzustellen, das einen Bedarf erst wecken will, den es noch nicht decken kann. Das BGE wäre auch nützlich weniger für Faulpelze als für Talente, die in jedem gesellschaftlich approbierten Brotberuf verkümmern würden, die sich nicht eignen würden als Ärzte, Lehrer, Rechtsanwälte, Forscher oder Pfarrer, sondern verhungern oder sich weit unter ihrem Niveau verding(lich)en und verkaufen müssten ...

Aber : „Um ein Mann zu werden, braucht es Leid, Verkennung, Kampf. Der Staat darf nicht zur Hebamme der Dichter werden." *(Robert Walser)*

Thomas Manns „Wonnen der Gewöhnlichkeit": „Ein Bürger, der sich in die Kunst verirrte, ein Bohemien mit Heimweh nach der guten Kinderstube, ein Künstler mit schlechtem Gewissen ... Ihr Künstler nennt mich einen Bürger, und die Bürger sind versucht, mich zu verhaften ..." („Tonio Kröger")

„Denn es gibt für den Mann nur ein Unglück : im Zwiespalte leben zwischen innrem Berufe und äußrer Zwangspflicht." *(K. Immermann)*

„Die, die mit Literatur ... handeln, werden reich, die, die sie machen, verhungern oder schlagen sich durch. Aus diesem Geld-Elend resultiert dann das Schlimmere: Der Tintensklave wird geboren. Die für Freiheit arbeiten, stehen in Unfreiheit und sind oft trauriger dran als der mittelalterliche Hörige." *(Th. Fontane)*

„Einer, der von der Poesie lebt, hat das Gleichgewicht verloren, und eine übergroße Gänseleber, sie mag noch so gut schmecken, setzt doch immer eine kranke Gans voraus." *(C. Brentano)*

„Die prosaischen Gegensätze befestigen u. concentriren nur die Poesie, u. verwahren am besten vor der poetischen Zerfahrenheit, der gewöhnlichen Krankheit der Dichter von Profession." *(J. v. Eichendorff)*

„Sonst ist sein Dichten Wortflunkerei, Großtuerei und Faulenzerei. Jede mittelmäßige Leistung in anderen ... Berufen hat noch einen gewissen Handwerkswert, während der schwachbegabte Dichter ewig ein wertloser Pfuscher bleibt; er müsste sich denn als Hausnarr feilbieten ... oder Hofpoet." *(R. Dehmel)*

„Kaufmann mit Leib und Seele bin ich freilich nicht, die Poesie ist und bleibt mir Hauptsache; meine Stelle nehm´ ich wahr, weil ich leben muß und die Versmacherei nicht zur milchgebenden Kuh herabwürdigen will." *(F. Freiligrath)*

Kurzlesebuch der deutschen Philosophie

„Es überrascht, die Einwohner eines kleinen Ländchens aufgeklärter zu finden als die übrige Menschheit." (Gottfried Wilhelm **Leibniz**: „Theodizee", 1710)

„Der Jude bleibt immer der eigentliche ursprüngliche *Edelmann* des ganzen menschlichen Geschlechts. Ein Wunder aller Wunder der göttlichen Vorsehung, Regierung und Staatskunst – mehr als Noahs Kasten und Loths Weib und Moses brennender Busch ist für mich jeder Jude. Hier liegt noch ein reiches Feld, die Lästerungen unserer unwissenden Hephästione über das Judentum auszudreschen und auszuflegeln." (Johann Georg **Hamann**, 1730-1788)

Johann Gottfried Herder

„Das Volk Gottes, dem einst der Himmel selbst sein Vaterland schenkte, ist Jahrhunderte her, ja, fast seit Entstehung eine parasitische Pflanze auf den Stämmen anderer Nationen; ein Geschlecht schlauer Unterhändler beinah auf der ganzen Erde, das trotz aller Unterdrückung nirgend sich nach eigener Ehre und Wohnung, nirgend nach einem Vaterlande sehnet." *(*„Ideen zur Philosophie der Menschheitsgeschichte", Sämtliche Werke, Berlin 1909, Bd. XIV, „Die Hebräer", Seite 55)

Immanuel Kant

„ ... ein besonders von Jehovah für sich auserwähltes Volk, welches alle anderen Völker anfeindete, und dafür von jedem angefeindet wurde ... " („Religion innerhalb der Grenzen der bloßen Vernunft", Königsberg 1794, S. 186-189)
„Die unter uns lebenden Palästiner sind durch ihren Wuchergeist seit ihrem Exil, auch was die größte Menge betrifft, in den nicht unbegründeten Ruf des Betrugs gekommen. Es scheint nun zwar befremdlich, sich eine Nation von Betrügern zu denken; aber ebenso befremdlich ist es doch auch, eine Nation von Kaufleuten zu denken, deren bei weitem größter Teil durch einen alten, von dem Staat, darin sie leben, anerkannten Aberglauben verbunden, keine bürgerliche Ehre sucht, sondern diesen ihren Verlust durch die Vorteile der Überlistung des Volkes, unter dem sie Schutz finden und selbst ihrer untereinander, ersetzen wollen. Nun kann dieses bei einer ganzen Nation von lauter Kaufleuten, als nichtproduzierenden Gliedern der Gesellschaft (z.B. der Juden in Polen), auch nicht anders sein; ..." ... ob sie zwar den Spruch: 'Käufer, tue die Augen auf!' zum obersten Grundsatze ihrer Moral im Verkehr mit uns machen ...
Die Euthanasie des Judentum ist die reine moralische Religion, mit Verlassung aller alter Satzungslehren ..." („Anthropologie in pragmatischer Hinsicht", Werkausgabe Bd. 12, Frankfurt 1982, Seite 517 ff.)

Johann Gottlieb Fichte

„Fast durch alle Länder von Europa verbreitet sich ein mächtiger, feindseelig gesinnter Staat, der mit allen übrigen im beständigen Kriege steht, und der in manchen fürchterlich schwer auf die Bürger drückt; es ist das Judenthum."
„Um uns vor ihnen zu schützen, dazu sehe ich wieder kein anderes Mittel, als ihnen ihr gelobtes Land zu erobern und sie alle dahin zu schicken."
„Ihnen Bürgerrechte zu geben, dazu sehe ich wenigstens keine Mittel als das: in einer Nacht ihnen alle Köpfe abzuschneiden und andere aufzusetzen, in denen auch nicht eine jüdische Idee steckt." („Beiträge zur Berichtigung der Urteile über die französische Revolution", 1793)

F. W. J. Schelling

„Beschneidung wird bei Abraham schon eingeführt, von Moses bestätigt. Sie bezieht sich auf die Entmannung ... Mit jedem solchen Übergang war ein Orgiasmus verbunden, eine Selbstzerfleischung.
Zur selben Zeit hielten andere Völker es für ein religiöses Gebot, ihre Kinder zu opfern. Das Prinzip, das Abraham dazu versuchte, war dasselbe, welches andere Völker zu denselben Handlungen verleitete.
Ja, das eigentlich Typische des Mosaismus ist das Heidnische ... Das Gesetz scheint das bloße Ideal einer religiösen Verfassung zu sein,

wie es nie in der Wirklichkeit existiert hat; in der Praxis waren die Juden fast durchaus Polytheisten. Die Substanz ihres Bewußtseins bildet das Heidentum, das akzidentelle bildet das Geoffenbarte. Von der Himmelskönigin bis zu den Gräueln der Phönizier, ja, bis zur Kybele haben die Juden alle Stufen durchgemacht." („Philosophie der Offenbarung 1841/42", Frankfurt 1977)

G. W. F. Hegel

Jesus: „Am Haufen der Juden mußte sein Versuch scheitern, ihnen das Bewußtsein von etwas Göttlichem zu geben; denn der Glaube an etwas Göttliches, an etwas Großes kann nicht im Kote wohnen. Der Löwe hat nicht Raum in einer Nuß; der unendliche Geist nicht Raum in dem Kerker einer Judenseele..." (Theologische Jugendschriften, Tübingen 1907, S. 252, 260, 312) „... und wenn die deutsche Nation auch nicht fähig ist, ihre Hartnäckigkeit in dem Besonderen bis zum Wahnsinn der jüdischen Nation zu steigern, dieser mit anderen zu Geselligkeit und Gemeinschaft unvereinbaren Nation, wenn sie auch nicht zu dieser Verruchtheit der Absonderung, zu morden und sich morden zu lassen, bis der Staat zertrümmert ist, kommen kann ..." (1800) (Frühe Schriften, Werke Bd. l, Frankfurt 1979, S. 581)

Karl Marx

„Akkumuliert! Akkumuliert! das ist Moses und die Propheten!" Welches ist der weltliche Grund des Judentums? Das *praktische* Bedürfnis, der *Eigennutz.* Welches ist der weltliche Kultus des Juden? Der *Schacher.* Welches ist sein weltlicher Gott? Das *Geld.* Das Geld ist der eifrige Gott Israels, vor welchem kein anderer Gott bestehen darf. Der Christ war von vornherein der theoretisierende Jude, der Jude ist daher der praktische Christ, und der praktische Christ ist wieder Jude geworden. Die gesellschaftliche *Emanzipation* des Juden ist die Emanzipation der Gesellschaft vom Judentum." („Zur Judenfrage", 1843)

Marx-Freund Heinrich Heine

„Ich bin jetzt bei Christ und Jude verhaßt. Ich bereue sehr, daß ich mich getauft hab'; ich seh' noch gar nicht ein, daß es mir seitdem besser gegangen sei, im Gegenteil, ich habe seitdem nichts als Unglück!"

„Ich sehe jetzt, die Griechen waren nur schöne Jünglinge, die Juden aber waren immer gewaltige unbeugsame Männer, nicht bloß ehemals, sondern bis auf den heutigen Tag, trotz achtzehn Jahrhunderten der Verfolgung und des Elends. Ich habe sie seitdem besser würdigen gelernt."

Arthur Schopenhauer

„Statt der Unsterblichkeit lehrt das Alte Testament Heimsuchung der Missethaten an den Kindern . –

Das auserwählte Volk stahl den Ägyptern die goldenen Gefäße und zog, den Mörder Moses an der Spitze, in das Land der Verheißung.

Möge jedes Volk, das sich einen Gott hält, der ihnen Länder der Verheißung zeigt, seinen Nebukadnezar finden!

Man muß vom foetor Judaicus völlig cloroformirt sein, um nicht einzusehen, daß das Thier im Wesentlichen das Selbe ist, wie der Mensch.

Die Emanzipation der Juden sollte nicht soweit gehen, daß man ihnen Antheil am Staate einräumt. Sonst werden sie erst recht Juden bleiben." („Die Welt als Wille und Vorstellung")

Friedrich Nietzsche

„Leute niedrigster Herkunft, zum Teil Gesindel, die Ausgestoßenen nicht nur der guten, sondern auch der achtbaren Gesellschaft, abseits selbst vom *Gerüche* der Kultur aufgewachsen, ohne Zucht, ohne Wissen, ohne jede Ahnung davon, daß es in geistigen Dingen Gewissen geben könnte, eben – Juden ... " „Diese Art von Mensch hat ein Lebensinteresse daran, die Menschheit krank zu machen und die Begriffe 'gut' und 'böse', 'wahr' und 'falsch' in einen lebensgefährlichen

und weltverleumderischen Sinn umzudrehen." Da „liegt die Bedeutung des jüdischen Volks: mit ihm beginnt der Sklaven-Aufstand in der Moral."
(„Jenseits von Gut und Böse", Nr. 195)

„Die Antisemiten vergeben es den Juden nicht, daß die Juden 'Geist' haben – und Geld. Die Antisemiten – ein Name der Schlechtweggekommenen". (Jesus): „Dieser heilige Anarchist, der das niedere Volk, die Ausgestoßnen und 'Sünder', die Tschandala innerhalb des Judentums zum Widerspruch gegen die herrschende Ordnung aufrief – mit einer Sprache, falls den Evangelien zu trauen wäre, die auch heute noch nach Sibirien führen würde, war ein politischer Verbrecher ... Dies brachte ihn ans Kreuz ..."
(„Der Antichrist", Nr. 27).

Martin Heidegger

Siehe : Gesamtausgabe HGA, Band 94 – 96 („Überlegungen II – XV", „Schwarze Hefte" 1931-1941), Frankfurt 2014

+ + +

500 Jahre reformierter Protest

Wie der deutsche Protestantismus vor 200 Jahren durch den deutschen Idealismus von Fichte, Schelling und Hegel aus seiner orthodoxen Erstarrung befreit wurde, ohne katholisch zu restaurieren, so wäre er heute durch monotheistische Philosophie aus seiner öko-totalitär atheistischen Selbstverkennung zu erlösen. Eine protestantische Renaissance darf nicht durch nationalen Neutralismus zwischen den Blöcken, sondern muss wie vor zwei Jahrhunderten wieder von einem neuen philosophischen Universalismus kommen. Die Religion des kapitalistischen Pluralismus und der rechtsstaatlich permissiven Liberaldemokratie ist der Protestantismus, ob nun als calvinistischer Naturbeherrscher oder als asketischer Schöpfungsbewahrer, aber wo ist heute der Protestant 2020, der kein linksgetarnt ökopaxfeministischer Reaktionär wäre? Wer sonst als der regenerierte Protestantismus kann wieder herausführen aus dem Industrialismus, in den er hineingeführt hatte und der zu eben dem Komfort-Gefängnis geworden ist, aus dem er doch gerade befreien wollte.

Die calvinistisch-kapitalistische Lösung von allen vorgefundenen kirchlichen Traditionen und feudalen Institutionen wurde zum Zuchthaus ihrer selbst. Die Befreiung eines Christenmenschen aus dem Stahlgehäuse der verwalteten Welt ist Befreiung von Bedürfnisindustrien, der primär keine Waren, sondern Wünsche produzieren und passende Menschentypen, welche dafür schuften wollen. Der von Adorno perhorreszierte Geist der neuzeitlichen Naturbeherrschung ist ein urprotestantischer Geist. Der Protestantismus sollte nicht mehr gebraucht werden, weil der Kapitalismus gebraucht wird, der Produktivkräfte entfesselt, sondern weil innerweltliche *Konsumaskese* gebraucht wird, die keine bedarfsweckenden Industriesysteme mehr fördert. Wo demokratischer Kapitalismus noch nicht herrscht, wird protestantischer Konsumaufschub gebraucht, ihn in der Dritten Welt zu entfesseln, und wo der Neokapitalismus mehr Bedürfnisse weckt, als er deckt, da wird demokratischer Protestantismus nicht länger gebraucht, kapitalistisch ungerecht zu akkumulieren oder sozialistisch gerecht zu verteilen, sondern individuelle Bedürfnisse von industriellen Wünschen zu unterscheiden. Er hilft Bedarf zu wecken danach, von der Industrie keinen Bedarf mehr wecken zu lassen. Protestantismus ist das Prinzip der Verinnerlichung und Vergeistigung, sei es naturbeherrschend, sei es kontemplativ. Die Gesellschaft sollte in Individuen zerfallen, deren jedes sich selbst die ganze Gesellschaft ist. Eine Ironie der Geschichte : Gerade die Religion, die das Werkeln zu etwas Zweitrangigem gemacht hatte, begründete die kapitalistische Werkgerechtigkeit, und der Katholizismus, der die Aktivität über Almosen stellte, förderte das kontemplative Leben. Das Individuum, das die Kirchengemeinde nicht braucht, ist der Mensch, der die Gesellschaft nicht braucht, sondern unmittelbar zu Gott ist, der also Glied weder eines *corpus mysticum* noch einer sozialen Korporation ist. Protestantismus heißt Protest gegen Gegenkirchen, von Gott als dem "ganz Anderen" aus, ein Aufstand gegen alles zu Unrecht Bestehende. Seine moderne Form verwechselt leider den modischen "Zeitgeist" mit dem Protest gegen ihn. Er heißt Gebet um Kraft, um nach Jesu Gesetzesauslegung leben zu können. Bürgerlicher Wohlstand ist als Gnadenstand nicht mehr zu rechtfertigen. Der freie Wille dient nur dazu, um herauszufinden, wozu einer erwählt ist : Bin ich erwählt oder verdammt zu wirtschaftlicher Fortune. Wer nicht zu ökonomischem Erfolg erwählt ist, braucht ja nicht gleich zu ökologischen Folgeschäden verdammt zu sein, sondern kann gerade zu wirtschaftlichem Misserfolg bestimmt sein, um sich zu einem kontemplativen Leben verdammen lassen zu können. So viel ist wahr am Antikatholizismus : Der Sündenerlass ist keine Schuldentilgung. Reformatorisch denken heißt, nicht ohne Gottes Zuvorkommen nach der Natur leben und den Naturgesetzen folgen können, *omnis salus extra ecclesiam* : Das Gewissen ist als *sola scriptura* sein eigener Priester. Das griechisch Katholische ist das lateinisch Universale, und der Protestant muss lernen, auch sein eigener Mönch zu werden, indem er sich selbst Armut, Askese und Gehorsam gegen die in der Moral praktisch werdenden Naturgesetze gelobt.

Fragment zu Selbstbewusstsein und Wahn

„Ich selbst". Von dem, der das von sich sagt, sagen wir, er sei nicht einfach nur da, sondern sich bewußt, daß er da ist. Sehen wir einen Moment lang davon ab, daß ich meiner selbst wohl nur innewerden kann als anders denn das, was ich nicht bin. Gewöhnlich ist es die Spiegelmetapher, die zur Veranschaulichung dieses Selbstbezugs herhält. Ich sehe mich wie im Spiegel, d.h. wie mit den Augen eines anderen, und vielleicht ist der Blick, den ich auf mich werfen kann, nur der verinnerlichte Nachfahre von Blicken, mit denen andere mich bisher mehr oder weniger liebevoll bedacht haben, also zuerst meine Eltern.

Ob ich dieses mein Selbst als recht akzeptabel oder mit Pascal als hassenswert erlebe, hängt sicher davon ab, ob mein Dasein einst den "stillen Glanz im Mutterauge" hervorrufen konnte. Auf dem Grunde fremder Augen sehe ich mein Bild, und ich bin für mich das, was ich einmal für andere war. Da stehe ich mir im Spiegel gegenüber, wie verdoppelt, und wen sehe ich? Mich selbst – als wäre ich ein anderer, nämlich der, welcher mich sieht.

Ich sehe also dort jemanden, den ich sofort als mich selbst identifiziere, und wer sich in seinem Spiegelbild gar nicht wiedererkennt, ist sich fremd und schizophren. Aber ich sehe nicht nur mich selbst, sondern mich als den, der mich sieht : Ich sehe einen mich Sehenden und werde von einem von mir Gesehenen gesehen. Ich sehe mich als den, der in mir den sieht, welcher sich sieht usf. Und wenn ich mich mich sehen sehe, dann sehe ich, daß ich mein von

mir Gesehenwerden sehe usw.
Ich kann ja zu meinem Spiegelbild sagen: das da bin ich, ich selbst und niemand sonst.

Muß ich schon wissen, wie ich aussehe, um mich in meinem Bilde wiederzufinden, oder sagt mir erst mein Spiegelbild, wer ich bin? Dieser Zirkel ist kein Teufelskreis, sondern nur ein selbstinduzierter Verstärkerkreis. Um mich zu sehen, muß ich diejenigen werden, die mich sehen, und nach Sartre ist die Liebe genau dieser Versuch, gleichzeitig der zu sein, als der ich gesehen werde, und der zu sein, der mich sieht, wie das Kind einstmals seine Mutter war, in deren Blick es sich anhimmeln durfte. Nun ist das Ich vor dem Spiegel so real, wie das Ich im Spiegel nur imaginär und der Spiegel selbst real ist, den ich zwischen mich und mich selbst schiebe und der einst das Auge eines anderen war, der seinerseits mein Auge zwischen sich und sich selbst stellte. Ich bin der Spiegel dessen, der mein Spiegel ist, und wenn ich diese gespiegelte Wiederspiegelung ganz verinner(lich)e, werde ich selbst mein eigener Spiegel: Ein Spiegel spiegelt sich in einem Spiegel. Das führt dann bekanntlich zu einer unendlichen Verschachtelung der Spiegelräume, die jeder kennt, der einmal in einem Zimmer gestanden hat, dessen Wände nur aus Spiegeln bestehen.

Ich bin. Aber ich bin nicht nur einfach, sondern meiner bewußt. Wessen bin ich da bewußt? Eines Ich, das wieder nur da ist, indem es sich seiner bewußt ist als eines Ich, das seiner selbst bewußt ist usw. Das Selbstbewußtsein trifft stets nur auf ein Selbst, das Selbstbewußtsein ist, und das Bewußtsein kann nur Bewußtsein von dem Bewußtsein gewinnen, das es ist, wenn es Gegenstand des Bewußtseins ist, das es selbst ist. Sub-

jekt und Objekt meiner selbst, sehe ich mich. Wen und was sehe ich? Nicht nur ein Ich, sondern eines, das damit beschäftigt ist, sich zu sehen. Wer sieht? Ein Ich, das sich dabei zusieht, wie es sich sieht. *Ich sehe mich* heißt, ich sehe mich mich sehen, und ich sehe ein Ich mich sehen, das mich mich sehen sieht. Kurz : Das Ich ist unendlich in sich reflektiert. Aber das Ich, das sich sieht, ist nicht ganz das Ich, das von sich gesehen wird — Ich. Ich sehe mich. Ich sehe mich mich sehen. Ich werde von mir gesehen, wie ich gerade mich sehen sehe usw. Der Sehende und der Gesehene sind verschieden und doch ein und dieselbe Person. Es handelt sich um ein und denselben Menschen, und doch enthält der Gesehene mehr als der Sehende, weil er den Sehenden mitenthält. Aber der Sehende enthält gleichzeitig den Gesehenen, gesehen als den, der selbst Sehender ist usf. Ich sehe einen Sehenden und werde von einem Gesehenen gesehen. Benutzen wir eine Zeichensprache, um verständlich zu machen, daß diese Identität und die Nichtidentität des Sehenden und des Gesehenen identisch sind. Ich sehe mich. Ich sehe, daß ich mich sehe. Ich sehe, daß ich sehe, daß ich mich sehe usw.
Setzen wir das Gesehene jeweils in Klammern:
Ich sehe (mich).
Ich sehe (ich sehe(mich)).
Ich sehe (ich sehe (ich sehe (mich)))   etc.

Wir sehen, daß das *(mich)* der ersten Zeile sich in der zweiten Zeile auflöst zu : (ich sehe (mich)), in der dritten zu: (ich sehe(ich sehe (mich))).

Also ist dieses *(mich)*, das in jeder Zeile auftaucht, ein je anderes und doch das immer selbe Ich. Formalisieren wir weiter das *Ich* zu I, das *sehen* zu s.
$I0\ s0\ (I1) \equiv I0\ s0\ (I1\ s1\ (I2)) \equiv I0\ s0\ (I1\ s1\ (I2\ s2\ (I3)))$
Die Indexschreibweise erlaubt die Unterscheidung der

verschiedenen Stufen des Ich, die wir eigentlich auch für den Funktor „s" einführen müßten. Dabei besteht ein I1 eigentlich aus : (I1 s1 (I2 s2 (I3 s3))) etc.

Um nun nicht sowohl Ich als auch Nicht-Ich sein zu müssen, bin ich weder Ich noch Nicht-Ich. Bin ich für mich aber stets anders, als ich für andere bin, und zugleich der andere selbst, dann bin ich ja für mich anders als für mich und für den anderen anders als für ihn. Die schizoide Ablösung des Bewußtseins vom (bewußten) Sein, die Distanzierung des Geistes vom eigenen Leichnam wird von Sterbenden erlebt; sie berichten ziemlich einmütig davon, sofern sie ins Leben zurückgeholt wurden. Diese illusionäre Unsterblichkeit der Seele, die über die eigene Leiche geht, steht im Gegensatz zum kleinen Tod des Orgasmus, wo die vitale Triebspannung in die anorganische Materie abstürzt, der Geist im Körper versinkt und verschwindet, wie es Sigmund Freud „Jenseits des Lustprinzips" beschrieb.

Vor dem Andrang des paranoid totalisierten Projektionsobjekts antezipiert das Subjekt seinen „freien" schizoiden Zerfall in Partialsubjekte, der das Objekt in fasslichere Partialobjekte zerlegt, in den Zustand vor der Synthesis der Apperzeption, wie Autos, die beim Aufprall auf ein übermächtiges Hindernis von selbst in ihre Bestandteile zerfallen, um nicht zerstört zu werden.

Schizophrenogene Familien erzeugen bekanntlich zwei diverse Arten pathologischer Kommunikatonsmuster: pseudo-mutuality *(Bateson, Jackson)* und pseudo-hostility *(Haley, Winne)*. Der *amorphe* Typ des Schizos entsteht aus Überkonformitätsdruck und Integrationszwang, der über*fragmentierte* Schizo aus generalisiertem Distanzierungs- und auch Devalidierungszwang aller Familienmitglieder. Im einen Fall resultiert Intersubjektivität ohne Individuation, im anderen Fall eine Isolation ohne Konsensus. Die fragmentierte Vereinzelung unter Abwehr jeglicher Einigung und die amorphe Einheit unter Abwehr differentieller Einzelheit sind dabei die Kehrseiten derselben schizoiden Medaille, Symbiose und Autismus. Gestört scheint dabei die Fähigkeit der Diskriminierung zwischen den logischen Kommunikationsstufen, also zwischen Begriff und Objekten, von Allgemeinem und Besonderen. Widersprüche können da nicht als spezifische Differenzen innerhalb eines objektivierenden Allgemeinen, die Einheit nicht als Konsensus von Differenzen aufgelöst werden: Dinge werden vorschnell zu ihren Begriffen generalisiert und Begriffe konkretistisch verdinglicht. Der Doppelsinn von *Einheit* (numerische Singularität und begriffliche Allgemeinheit und Ganzheit) wird nicht verstanden, und der Schizoide bleibt im *Russellschen Paradox* befangen, in einem Universum der blinden Anschauungen und leeren Begriffe.

Kurz: Der Schizo ist ein Mensch ganz ohne Metaphysik, unfähig, sich eine Synthesis zur sinnlichen Mannigfaltigkeit zu denken oder eine anschauliche Vielfalt zur logischen Totalität. Ist verrückt, wer die Natur spiritualisiert und Geist als *zweite Natur* erlebt, Physisches als Metaphysik der Metaphysik?

Wie steht es also um die Legende von der geheimen Wahrheit des Wahnsinns und dem Irrsinn der Normalität? Kehren wir zurück zur Dialektik von Sonderling und Allgemeinheit.

Die Gegenständlichkeit des Objekts ist ja sein Widerstand dagegen, das Subjekt zu sein, sein Fürsichsein gegen sein Fürmichsein. Ich breche den Widerstand seines Seins gegen mein Sein (den ich durch meinen Einfall erst aufbrechen lasse, genau seines Seins zu ermangeln und es mir an seinem Sein gebrechen zu lassen), indem mein Verstand imstande ist, den Gegenstand zu meinem eigenen Zustand zu machen, nachdem meine Einheit mit ihm zerbrochen ist und ich zusammenzubrechen drohe unter der Entdeckung, daß er die Unterbrechung meines Seins ist, das durch ihn zum *Mängelwesen* wird, welches sich nicht im eigenen Sein erhalten kann, ohne ihn zu meinem Inhalt zu erhalten und mich an seinem Ansichsein festzuhalten. Ein Marx spricht von den *gegenständlichen Wesenskräften des Menschen*: Der Mensch sei das Wesen, dessen Wesen in dem Vermögen bestehe, sein Wesen selbst zu schaffen und aus sich hervorzubringen, aus sich und aus der Natur, aus der er bestehe. Ich stehe nicht wie bei Hegel als Geist der Natur (als nur seinem eigenen Anderssein) gegenüber, sondern gerade als ein Stück Natur der Natur gegenüber, aus der ich komme und in die ich vergehe und von der ich nur soweit frei bin, daß ich sie zum Gegenstand meiner Bearbeitungen machen kann. Ich vergegenständliche mein Wesen in meinen Produkten, sie sind mein realisiertes Wesen. Subjektivität sei Produktivität, das Subjekt ist Arbeit am Projekt seiner selbst. Dazu pro-jiziert das Subjekt seine Vor-stellung auf das Objekt und wirkt durch seine eigene Materialität auf dessen Materialität ein, bis der so geformte Stoff dem gewünschten Bilde gleicht.

Wenn ich etwas pro-duziere, aus mir hervorführe, entäußere ich mich darin, habe ich die Natur-Außenwelt aber zugleich ganz verdaut und verinnerlicht durch Entäußerung meiner Zielvorstellungen. Ich schaffe Objekte, objektiviere mich in ihnen, erlege ihnen meine Vorstellungen auf, bringe den bearbeiteten Rohstoff in eine mir passende Form, eigne ihn mir an durch seine nützlichen Eignungen, humanisiere sie, indem ich mich in ihnen naturalisiere. Produktion und Konsumption haben ihre psychischen Äquivalente in Projektion und Introjektion. In der Produktion seiner Projekte zu internalisierbaren Objekten ist das Subjekt nicht sich selbst entfremdet, sondern gerade bei sich. Erst die Entäußerung von dieser „gegenständlichen Selbstentäußerung" entfremdet mich mir und meiner gegenständlichen Wesenskraft, wirft mich zurück auf weltlose Innerlichkeit, in der ich mir äußerlich werde, also ein Objekt für andere.

Außerhalb meiner Selbstentäußerung, die meine Selbstlosigkeit zu meinem Selbst macht, bin ich reine Außenwelt, ein Ding unter anderem, kein Mensch. Der Kapitalist bringt mich um – die Produkte meiner Selbstvergegenständlichung, um mein objektiv existierendes Wesen.

Wenn ich mich der Selbstentäußerung entäußere, kehre ich gleichsam aus dem Akt der Vergegenständlichung nicht wieder in mich zurück, sondern meine Entäußerung ist die Verinnerlichung eines anderen. Verinnerlichen kann ich dann nur noch, *dass* der andere meine Entäußerung verinnerlicht und so meine Produkte sich angeeignet hat. Ich erfahre und nehme zur Kenntnis, daß ich mich in meinen Hervorbringungen nicht erfahre und daß der andere sie als die seinen zur Kenntnis nimmt. Es ist so, als hätte ich mich gar nicht geäußert und wäre ein bloßes Ding geblieben, das nur ist, was es ist. Aber um wenigstens das zu sein, muß ich meine Entäußerung ver-äußern an den, der sich in meinen Objektivationen vergegenständlicht und das darstellt, was ich herstelle. Die Akkumulation des Kapitals, also meiner vergegenständlichten Wesenskraft qua Arbeitskraft, macht mich zum Gegenstand meiner Gegenstände und umso ärmer, je reicher der andere wird, der verinnerlicht, was ich äußere. Zwar löst sich jedes Geschöpf von seinem Schöpfer zu einer relativen Autonomie gegen seinen Urheber, ohne deshalb eo ipso aber gleich zum Eigentum eines anderen zu werden und in ihm zu verschwinden. Nach Marx wird der Schöpfer der Werte im Kapitalismus zu einem Geschöpf seines Geschöpfs, die gegenständliche Wesenskraft zum Gegenstand ihrer Gegenstände, also die Arbeitskraft zur Ware.

Ich entäußere mich meines Wesens, das der andere sich aneignet. Ich verdinge mich an den, der meine Wesenskraft, Dinge herzustellen, nur verdinglicht zum bloßen Vermögen, weiter Dinge für ihn herzustellen, d.h. kein Ding zu sein. So höre ich auf das, was mir nicht gehört. Die Eigenschaften meiner Produkte werden Eigenschaften der anderen. Die Eigenart aller Produkte, sich von ihrem Schöpfer freizumachen, um ihm selbständig als Gegenstand gegenüberzutreten, macht sie ja überhaupt erst geeignet, von einem anderen Menschen angeeignet zu werden, der zwischen mich und mein Artefakt tritt und das verinnerlicht, was ich äußere. So ist der von mir hergestellte *Gegenstand* potentiell immer schon der andere Mensch, mein *Gegenüber*.

Er bearbeitet mich so, wie und damit ich den Gegenstand bearbeite. Das Modell freier Subjektivität ist der Unternehmer des 19. Jahrhunderts, der im liberalistischen Konkurrenzkapitalismus seiner Ellbogenfreiheit behauptet. Das Ur-Objekt dieses bourgeoisen Subjekts ist nicht sein Marktrivale, sondern der Arbeiter, der seine eigene Subjektivität gar nicht gegen seinen Brotherrn aufrechterhalten kann, sondern nur gegen sein Arbeitsmaterial, das er in eine für den Arbeitgeber genießbare Form verwandelt. Was wird da aus der Dialektik von Besonderem und Allgemeinem?

Alle gleich : jeder etwas ganz Besonderes. Also ist es wirklich nichts Besonderes, etwas Besonderes zu sein, zu haben, zu können. Also ist es etwas Besonderes, nichts Besonderes zu sein und so zu sein wie jeder andere, mal mehr, mal weniger als der andere. Sage ich also auf eine ganz besondere Weise, daß ich nichts Besonderes sage.

Niemand spricht besser aus, daß er nicht besser spricht als jeder andere, niemand sagt so viel darüber, daß er nicht mehr als andere zu sagen hat als ich? Schlage ich so nicht zwei Fliegen mit einer Klappe : so zu sein wie jeder und zugleich mehr als jeder andere? Keiner sagt es besser, daß er schlechter ist als andere? Bin ich mir über, sobald ich über mich spreche? Bin ich also redend doppelt 'gut': moralisch und leistungsmäßig? Ich will philosophierend das Allgemeingültige auf eine einzigartige Weise aussprechen : Ihr seid wie ich, also unter mir, der ich das sage? Ich unterwerfe euch meinem Begriff von Allgemeinheit und Gleichheit; die Unterwerfung ist die Revolte gegen die Gleichheit der Revoltierenden. Daß es etwas ganz Besonderes ist, nichts Besonderes zu sein, ist aber selbst nichts Besonderes.

Daß es aber nichts Besonderes ist, etwas ganz Besonderes zu sein, ist etwas Besonderes, und das will ich philosophisch sagen, also sein. Der Philosoph verwaltet die Besonderheit der Allgemeinheit aller Besonderheiten, bis diese Allgemeinheit der Besonderheit des Allgemeinen soziohistorisch erreicht ist. Er nimmt diese Einheit der Apartheit des Generellen und der Universalität des Singulären vorweg, solange der geltende Konsens noch nur auf Kosten des Individuellen geht. Es ist ja gerecht, gegen diese Art Gerechtigkeit anzudenken. Ist der Philosoph also dadurch etwas ganz Besonderes, daß er die wahre Gleichheit der Individualitäten verteidigt gegen ihre falsche, partikulare Allgemeinheit auf Kosten ihrer Besonderheiten, dann ist die Besonderheit der herrschenden Gleichheit nicht die des Philosophen, der sie artikuliert, sondern der Sonderinteressen jener, die ihr Wohl als das Gemeinwohl supponieren. Die wahre Allgemeinheit aller Besonderheiten auszusprechen, ist dann etwas ganz Besonderes nur, solange faktisch das Gemeinwohl die bloße Maske von Sonderinteressen ist, die ihre Generalisierbarkeit ideologisch nur insinuieren.

Das philosophisch Besondere besteht darin, die allgemeine Besonderheit aller gegen die besondere Allgemeinheit der Ideologien festzuhalten. Sind alle darin gleich, Sonderinteressen als ihre eigenen zu vertreten, ist es etwas ganz Besonderes zu zeigen, daß die partikulare Beschränktheit des falschen Allgemeinen ein allgemeines Schicksal ist, bis einst die Besonderheit unserer wahren Gleichheit Allgemeingut sein wird.

Jede Abtrennung eines Glieds vom Gesamtkörper vollzieht sich im Koordinatensystem des Körpers. Das amputierte Bein bleibt Bein eines Leibes, der Rumpftorso ein einziger Hinweis auf sein Amputat. Wollte ich das Ganze als eines seiner Mitglieder hinter mich lassen, gewönne das Ganze die Qualität eines seiner Teile, das auf eine Fülle verwiese, die mich einschlösse, indem ich sie flöhe. Ich wäre Teilüberschreitung auf ein anderes Teil hin inmitten eines Ganzen, das aus dem Leben dieser Teile, Gegenteile, Teilnahmen und Teilhaben, Abteilungen und Mitteilungen, Vor- und Nachteilen, Benachteiligungen und Übervorteilungen, Zu- und Verteilungen, Anteilnahmen und Beteiligungen ja besteht.

Verrückt, selbst im Sinne des Ganzen, ist nur das Überangepaßte, und wenn die Wahrheit eine Anpassung des Ur-teils an das Objekt ist, dann liegt die Wahrheit des Wahnsinns in der Desintegriertheit der Überintegration: Das Subjekt ist nicht mit sich selbst identisch, sofern es mit seinen jeweiligen Objekten überidentifiziert ist. Ich bin nicht h e u t e so und m o r g e n so, sondern heute s o und morgen s o, ein immer anderer als ich selbst nach dem Syllogismus : Ich bin du. Du bist ich. also bin ich ich.

Gleichzeitig bleibt auch der andere Schluß wahr : Ich bin nicht du. Du bist nicht ich. Also bin ich nicht ich selbst. Also bin ich du. Und du bist ich, und darin bin ich ich selbst, ich selbst als je anderer und du als ich selbst.

Die totale Unterwerfung, in der das Sub-jekt sich als nützliches Mitglied der Gesellschaft durchstreicht, ist ihr eigenes Gegenteil : Eine Unverfügbarkeit für die Ziele des Ganzen. Nur funktionslose Widerstandslosigkeit ist funktionierender Widerstand : Ob-jekti(vi)tät.

Der Sinn jedes Partners ist seine „Mittelmäßigkeit" als Zweckmäßigkeit für das große Ganze, seine InstruMentalität. Wie bringe ich andere dazu, folgende zwei Fragen als ein und dieselbe Frage zu erleben : Wie liege ich, und es sieht aus, als würde ich gehen? Wie gehe ich, und es sieht aus, als würde ich liegen? Die Krüppelkunst des Kunstkrüppels bestünde darin, im Liegen zu stehen und im Stehen zu liegen.

Hat das Überidentifizierte aber seine Zwangsidentifikation nicht nur an sich selbst vorweggenommen? Hat es nichts erreicht, als sich nur selbst jene Niederlage zu bereiten, die es nun nicht mehr von außen erleiden kann und muß? Ist das Individuum seinen Exterminatoren nur zuvorgekommen, um Herr seines Schicksals zu bleiben um den Preis, ihnen ihre blutige Arbeit auch noch abgenommen zu haben? Sehen wir genauer hin.

Erst einmal gibt es einige Zwischenschattierungen von der echten bis zur vorgetäuschten Selbstdisqualifizierung durch Autodestruktion. Beim Tauschhandel von Schutz gegen Gehorsam kann ich opfern, was dem System wichtig, mir selbst nichtig scheint, und für mich behalten, was meine Peiniger von mir gar nicht wollen und mir Essential ist. Weiter kann ich meinen Unwillen hinter wirklicher oder vorgegebener Unfähigkeit verstecken. Die psychosomatische Krankheit dürfte einer der beliebtesten Desertionswege sein, ebenso effektiv wie sozial legitimiert, aber um den Preis wirklicher Einengung des Lebensspielraums, zudem wenig freiwillig wählbar. Oft genug steht der Aufwand der Leidensdemonstration in einem sinnvollen Verhältnis nur zum Ertrag der Vermeidung neurotisch überproportionierter Traumen, nicht zum Unterlaufen realer Probleme. Wo beides konvergiert und einander kumuliert, ist die hysterische Selbstinvalidierung in rationellem Sinne rational.

Leben heißt : Dem großen Ganzen dienen durch Spezialtalente. Wer gar nichts Besonderes kann, nur das allen Gemeinsame, kann dem Allgemeinen nicht dienen, also allen anderen besonderen Einzelnen, die jeder sich durch Sonderfertigkeiten empfehlen. Wer nur kann, was jeder kann, kann eigentlich gar nichts, er fällt zusammen mit dem, der nur kann, was keiner kann und braucht. Das Unikum ist Taugenichts. Das größte Unikum aber ist der Spezialist fürs Allgemeinste der austauschbaren Transzendentalien, der Philosoph, der sich weigert, das Allgemeine in den Dienst ideologisch generalisierter Sonderinteressen zu stellen, also weder als Universitätsprofessor noch als klassischer Intellektueller etwa dem Bürgertum dient, indem er kritisch den partikular beschränkten Gebrauch, den diese Klasse faktisch davon macht, an den universellen Werten mißt, die sie für sich in Anspruch nimmt. Ein solcher Denker ist unbrauchbar, ob er sich die Füße, auf die er sich vom Kopf stellt, nun abfahren läßt oder nicht. Sein Denken ist unverständlich, soweit seine Maximen der Krüppelkunst, zum Prinzip allgemeiner Gesetzgebung erhoben, sich widersprechen. Verstümmle dich oder tu so, als seist du behindert, körperlich oder seelisch oder geistig, um nicht zum allgemeinen Wehr-, Lehr- und Nährdienst eingezogen zu werden. Lebte ein jeder nach dieser Maxime, könnte niemand nach ihr leben. Nun muß aber der Philosoph das Allgemeingültige sagen, aber auf absonderliche Weise, also das Sonderbarste in allgemeinverständlicher Sprache. Allgemeingültig soll aber sein, was etwas ganz Besonderes ist : *Daß* alle darin übereinkommen, jeder etwas ganz Besonderes zu sein und *daß* es etwas ganz Besonderes ist, nichts Besonderes zu sein, zu haben, zu können. Mit dem *Mann ohne Eigenschaften* scheint jeder und ist doch kein Staat zu machen. Nur der ganz Lehr-, Wehr- und Nähruntaugliche sättigt, schützt und bildet?

Urbild des unbrauchbar Verrückten ist der Philosoph. Sein Denken ist die geisteskrankeste Art, nicht geisteskrank zu werden. Dieser Spinner dreht durch, um nicht durch den Großen Bösen Wolf gedreht und an die Durchdrehbank gefesselt zu werden. Der Große Böse Wolf ist Hobbes' Leviathan : *homo homini lupus*. Der spekulative Denker spekuliert auf Befreiung vom Existenzkampf : in sich für alle. Dieser Verrückte rückt sich aus dem Zugriff des Großen Ganzen heraus, indem er allein es in den Be-Griff nimmt, sich davon löst, indem er sich darin auflöst. Dieser Irre irrt sich systematisch ins Wahre hinaus; er verwahrt sich gegen die Wahrheit des Ganzen, die er allein ge- und bewahrt. Dieser Privatwahn der Wahrheit als General des Generellen bedenkt unser Geschlecht : den Menschen, seine Generationen und seine Genitalien. Krank hängt etymologisch zusammen mit der idg.. Wurzel *ger-* : drehen, biegen, winden, krümmen. Krank heißt : gebeugt, gekrümmt.

Der Geisteskranke ist reflexiv auf sich zurückgebeugt, in sich eingekrümmt, geht in sich und ein. Der Philosoph ist so ein Krüppel, der lahm am Krückstock seines krausen Denkens krumme Wege geht. Dieser Gekrümmte denkt im Kreis, windet sich aus dem Ganzen heraus, das er umkreist, indem er krank in sich kreist. Dieser Hinfällige steht im Liegen und liegt im Stehen, wirft sich unter den Boden der Untat-sachen: ein fragwürdiges Subjekt. Sitzen, liegen, stehen – setzen, legen, stellen : philosophische Grundworte ... Gegenstände, Grundlagen, Grundsätze, Verstand, Gesetze, Sub-stanzen.

Blödsinnig hat er den sechsten Sinn für den Unsinn der Sinnfrage. Der Frohsinn seines Trübsinns ist besonnener Leichtsinn : scharfsinnlicher Stumpfsinn, der seinen Verhörern keinen Angriffsfläche begrifflich bietet. Ist heute die Vernunft das pure Resultat ganz zwangloser Einigung von Vernehmern und Vernommenen geworden, enthüllt nur er die geheime Irrationalität dieser "Kastrationalität" und das Rationelle an allen Rationalisierungen.

Anomische Desintegration ist immer noch zu verteidigen gegen ideologische Verklärung von Zwangsintegration. Das verleiht Adornos Votum für die schizoide Inkohärenz von Denken, Handeln und Fühlen (Diskordanz, Dissoziation, Desagregation) ein relatives Recht, das im „Anti-Ödipus" *(G. Deleuze)* platt positivistisch aus der dialektischen Spannung herausgebrochen ist. In der Schizophrenie wird die Kastrationsangst vor dem institutionell externalisierten Über-Ich des Realitätsprinzips übermächtig, bis das schwache Ich vor dieser amalgamierten Gewalt der *kastrationalen* Vaterimago und der paranoid prä-ödipalen Mutterimago in die primär-narzißtische Psychose retiriert.

Eine reine Simultanidentifikation mit dem Aggressor und mit dem Objekt, das ich für ihn bin, zerreißt meine ganze Selbstidentität. Auf der Flucht vor der Verfolgung durch den identifizierenden Zugriff des normativen Begriffs bleibt nur noch Identifikation mit ihm, und die Nichtidentität des Individuums mit seinem Begriff ist in die Identität des Ich eingewandert. Genauer : Nicht-identität mit meinem Begriff, den die Gesellschaft sich von mir macht, ist am Ende nur durch Identifikation mit dem gegenteiligen Begriff möglich. Es ist dasselbe Individuum, das seinem sozialen Begriff entspricht und widerspricht in ein und derselben Bewegung. Vor diesem Anspruch einer „individuell gebrochenen Intersubjektivität" versagt der Schizophrene und zerfällt in eine Person, die ihrem Begriff genügt, und eine andere, die ihm dadurch zu entgehen trachtet, daß sie ihrem Gegenbegriff zugleich entspricht.

Identität und Nichtidentität des Einzelnen mit seinem allgemeinen Soll machen individuelle Selbstidentität zu einem Selbstwiderspruch, wenn diese Differenz vom Begriffssoll nur durch Identifikation mit dem geraden Gegenbegriff realisierbar wird, die ja ebenso widersprüchlich ist. Auf dieser Ebene wird jedes Verhältnis eines Individuums zu einem anderen, der sein Wesen repräsentiert und es auf seinen Begriff bringt, zur Beziehungsfalle eines *double-bind*:

Es wird in jedem Fall bestraft, ob es adäquat auf die manifeste Mitteilung (z.B. eine prätendierte Liebeszuwendung) reagiert oder ebenso korrekt auf die latente indirekte Botschaft (z.b. eine unterschwellige Ablehnung). Der Botschaft „A" wie der kontradiktorischen Botschaft „Nicht-A" entsprechen müssen (d.h. dem einen Signal nur entsprechen können, indem man dem gegenteiligen widerspricht und dafür bestraft wird), läßt das Ich aus dem Ich und dem Nicht-Ich bestehen.

Außerdem kann dabei der andere, statt als ambivalent erlebt zu werden und gleichzeitig schwarz und weiß zu sein, in zwei Personen zerlegt werden, deren eine schwarz, deren andere weiß ist. Kurz : Die gute alte Subjekt-Objekt-Spaltung läuft quer durch das Subjekt und quer durch das Objekt. Ich projiziere den Teil von mir, der ich nicht sein will und der von mir abgelehnt wird, auf dich und introjiziere den Teil von dir, der ich sein will und der mir gut will, in mich. Ich, das ist das ganz Anerkannte von mir und von dir. Du, das ist das Verworfene von dir und von mir.

Das Ich ist die neue falsche Einheit von Ich und Nicht-Ich. Auch das Nicht-Ich ist nicht es selbst im Wechsel seiner Zustände, sondern eine Pseudoeinheit von Ich und Nicht-Ich.

Dasselbe Ding, heute **so**, morgen **so**, spaltet sich auf in zwei Dinge, deren jedes *heute* so und *morgen* so ist. Ich bin nicht heute dies und morgen jenes, sondern einer, der heute und morgen dieses ist, und ein anderer, der heute und morgen jenes ist. Gerade um sich selbst gleich zu bleiben, ist jeder seine eigene Negation und fällt mit dem jeweils anderen zusammen, gerade um anders als der andere zu bleiben. –

Ich bin anders als du. Du bist anders als ich. Also bin ich anders als ich selbst. Also bin ich (wie) du. "Ich ist ein anderer" *(Arthur Rimbaud).*

Du bist anders als ich. Ich bin anders als du. Also bist du anders als du selbst. Also bist du ich. Auch der andere ist anders als der andere. Die Aufhebung des *Satzes der Identität* wie des *Satzes vom Widerspruch* ist auch eine Aufhebung des „Satzes vom ausgeschlossenen Dritten". *Tertium datur:* Das Kind ist es selbst oder die Mutter – oder der Vater.

Gewöhnlich, in gelingender Sozialisation, verteilt das Kind eine Zeitlang seine Liebe auf die Mutter, seinen Haß auf den Vater : Ödipus. Der andere in seiner Ambivalenz (und meiner ambivalenten Reaktion auf seine Ambivalenz) zerfällt in Vater und Mutter, damit das Ich nicht mit sich selbst zerfallen muß und sein Nicht-Ich wird. So liebe ich aber in mir einen Teil vom anderen und hasse im anderen einen Teil von mir.

„Das Alter gräbt uns mehr Falten in den Geist als ins Gesicht." *(M. de Montaigne)*

„Hat der Abend auch keine Sonne, so hat er Sterne." *(Persisch)*

„Im Alter versteht man besser die Unglücksfälle zu verhüten, in der Jugend sie zu ertragen."

„Was einer *an sich selbst hat*, kommt ihm nie mehr zu Gute als im Alter." *(A. Schopenhauer)*

„Wie weit immer wir zurückblicken, reißt die Blutspur der Weltgeschichte nicht ab. Griechenland hat der Kultur des Abendlandes Fruchtbar-Unvergängliches geschenkt. Die Tyrannei der griechischen Stadtstaaten, ihre Sklaverei und ihre Kriege waren schreckensvoll. Die vielgerühmte athenische Demokratie hat Sokrates getötet. Rom ist ein Vorbild für Formen der politischen Herrschaft und von auf Gesetze gegründeter Machtausübung. Roms äußere und seine Bürgerkriege sind ein Epos voll furchtbarer Grausamkeit. Das Mittelalter ist eine Zeit des großen, geschlossenen Stils auf allen Lebensgebieten. Es ist trotzdem düster und ausgefüllt von Schreckenstaten. Die vielgerühmte Renaissance erlebte ihre Blüte unter skrupellosen Tyrannen. Die große spanische Kunst und Dichtung hatten als Korrelat die Inquisition. Die Reformation, als Wiege der menschlichen Freiheit gefeiert, war die Ursache von blutigen Religionskriegen in Frankreich und in Deutschland. Zur Zeit des Sonnenkönigs Ludwig XIV. gedieh die wunderbare französische Klassik und litt das Volk unter Armut, Elend und Krieg, von der entsetzlichen Hugenottenverfolgung nicht zu reden. Der große Friedrich hat Preußens Bedeutung mit zynischem Machtmissbrauch und Raubkriegen begründet. Die Französische Revolution und Napoleon wateten durch ein Meer von Blut, bevor bürgerliche Freiheit, gepaart mit Ausbeutung des Vierten Standes, verwirklicht werden konnte. Wenige Bürgerkriege der Vergangenheit waren so abscheulich wie der amerikanische Sezessionskrieg – die Ausrottung der Indianer und die Sklaverei der Schwarzen gehörten in Amerika bereits der Vergangenheit an. Es gab, von 1870 bis 1914 in Europa eine lange und wohltuende Friedensperiode, weil zu dieser Zeit die Großmächte mit der Eroberung und Aufrichtung ihrer Kolonialreiche in Afrika und Asien beschäftigt waren. Von 1914 bis 1945 erlebten wir einen neuen Dreißigjährigen Krieg, unterbrochen von eincr krisengeschüttelten Verschnaufpause..."

„Es ist nämlich nicht wahr, dass Kultur der Geistesfreiheit und der Menschenrechte bedarf. Alle diese leidvollen Epochen der Weltgeschichte haben Werke der Kunst und der Dichtung hervorgebracht, die man unsterblich nennt. Einer behauptete, nach Auschwitz könne man keine Gedichte mehr schreiben; wäre dem so, Gedichte, Epen, Theaterstücke und Romane wären nie geschrieben, Tempel, Kathedralen und Paläste nie gebaut, Bilder nie gemalt und Skulpturen nie gemeißelt, Musik, Gesang und Tanz nie gepflegt worden ...

Die aufgeklärte Rokokosozietät und die deutschen Klassiker sind Vorbilder der Toleranz und Geistesfreiheit. Die deutschen Staaten hatten aber damals keine Verfassungen, und die meisten ihrer Einwohner weder Freiheit noch Bildung und Wohlstand. Die einzige tröstliche Wahrheit der Geschichte ist, daß der Geist weht, wo er will ..."

(*Jean Rodolphe von Salis* : „Notizen eines Müßiggängers", Frankfurt /Main 1989, Seite 358 ff.)

+ + +

Monolith, zertrümmert zu Monolithen

Von der Gerontokratie zur Gerontologie, von der Gerusia zur Geriatrie. Se(ne)xus. Senilissimus, Senior, Monsignore, Sir(e), Senat, greis und grau. „Alt" von lat. *altus* (hoch, großgewachsen), von *alere* (nähren wachsen, großziehen), urspr. indogerman. *al- : wachsen nähren. Auch „all": vollständig ausgewachsen, allein(ig). „Welt": Menschenalter.

Soll ich dich lieben, gib mir mehr Oxytocin.

Mit Leuten, die Recht behalten wollen, ist kein Rechtsstaat zu machen, der stets Recht haben soll.

Unvorsichtigkeit bestraft sich oft unnachsichtig.

Selbstverwirklichung beraubt sich
aller Möglichkeiten.

Wenn Engel nur verkleidete Teufel sind, sind
Lügner noch keine verkleideten Wahrsager.

Wer die Wahl hat, wählt schnell wahllos.

Kultur ist nicht un- oder übernatürlich
und Natur keine Subkultur.

Freiheitskämpfer? Platzangst sucht das Weite.

Kinderlose und Großeltern : *Transparents*.

Hat das Leben eher sechs Sinne
als nur einen Sinn?

Der Zurückhaltende wirkt oft unterhaltensgestört.

Opfere dein Leben lebenslang
oder lebenslänglich dessen Sinn!

Mein Vermögen zehrte mein Vermögen auf,
es auszugeben.

Ganzheitliches lebt in der Halbwelt.

Der Sinn des Lebens ist, sich zu vereiteln
und seine Ziellosigkeit nicht zu erreichen.

Kultur wird gebeutelt:
Sie steckt heute im Kulturbeutel.

Tierschützer sind selten pflanzenlieb,
Pflanzenschützer selten tierlieb
und beide oft nicht menschenfreundlich.

Entseelte und Seelenlose suchen Animateure,
Entleibte und Körperlose Korporationen.

Adam war primär nicht der Primus
unter den Primaten oder Primitiven.

Du bist das Gewissen, das du nicht hast,
und der Überbau auf der Unterwelt.

Der Kurzsichtige sieht die Nächstbesten,
der Weitsichtige nur Sterne.

Der Leblose wirkt oft eher verlebt
als verstorben.

Sein Sinn geht schneller stiften,
als das Leben ihn selber stiften kann.

Äußere Freiheiten schaffen innere Leere.

Man vermisst sich,
Gott wie die Welt zu vermessen.

Das Laster ist eine erfolgreiche Tugend,
und erfolglose Fehler machen nicht besser.

Alte Idee in alter Form : Sprichwort.
Neue Idee in alter Form : Philosophie.
Neue oder alte Idee in neuer Form : Aphorismus.

Selbstbeherrschung gilt heute als Form
der Anästhesie.

Die Geistreichsten glauben nur noch
an Materie(llstes).

Hirnforschung : Das riesengroße Ego
schmachtet in kleinen grauen Zellen.

Du sollst deinen Vater und deine Mutter ehren,
auf dass es dir wohl ergehe und du lange lebest
auf Erden, *sagte Gottvater*. Du sollst Vater und
Mutter verlassen, um mir zu folgen, *sagte Jesus*.

Selbstkritik stinkt mir mehr
als dir mein Eigenlob.

Der Tod ist der Inbegriff von allem. Ein Begriff
ist der Tod von vielem. Alles ist eins und keins
(und nicht meins) zugleich.

Zuweilen ist Langeweile so kurzweilig,
wie ewige Kurzweil langweilt.

Lebenskunst macht Lust auf das, was man hat.

Allgemeinwohl : Alles Wohl der Gemeinheit!

Mein Hirn denkt, also bin nicht ich.

Werden Mann und Frau Ein Fleisch,
endet ihre Beziehung.

Am häufigsten erinnert man sich an Momente,
wo man sein Bewusstsein verlor.

Manche grübeln versaut und vögeln gelehrt.

Produktionsbetriebe : Massenarbeitstierhaltung.

Entweder verrät man andere oder sich selbst.
Bestraft wird man in jedem Fall.

Man stirbt daran, nichts zu lieben, wie an dem,
was man am meisten liebt.

Der Gedanke will sich einen unvergänglichen
Begriff vom greifbar Vergänglichen machen
und dankt ihm so.

Allgemeinheit : Alles ist eins und gemein.
Inbegriff von Tod : Alles ist eins und nichts.

Deine Krankheit merkst du eher als andere,
dein Alter merken andere eher als du.

Alte sind so wertvoll wie ihr Bankvermögen,
nicht ihr Denkvermögen.

Hasst du Witz, den du nicht hast?

Der Ruhestand des Alters ist nach dem Leerlauf
des Lebens ein Fortschritt.

Kant? Entschlüsse ohne Schlüsse sind blind,
Schlüsse ohne Entschlüsse nicht leer.

In der Hand der Denker wird kein Bleistift mehr
zum Sinnstift.

Jedes Sandkorn in der Wüste wirkt
unterm Mikroskop selber wie verwüstet.

Autoren ohne Geld verehren es,
Autoren ohne Geist verleumden ihn.

Autofahrer nehmen täglich Mord
billigend in Kauf.

Die meisten Christen sind Greise,
die meisten Schwachköpfe Kulturfeinde.

Feldzeichen, Hasenpanier und Kriegsgeschrei

„Non teneo de pluribus."
„E pluribus unum, in uno discordia."

Bible left. Gott gab dem (von Sarah) verstoßenen
Sohn Abrahams und der nubischen Sklavin
sein Erstgeburtsrecht zurück : War das die
revolutionäre Geburtsstunde einer Weltreligion?

Ärzte halten uns Magen- und Darmspiegel vor.

Menschen : kurz eingefleischte Totengerippe?

Die Welt ließ sich nur religiös und lässt sich nur
mathematisch erfassen – das gleiche Wunder?

Er *hat* sie anders als sie ihn.

Dürfen wir Geld scheffeln, sagen Bürger,
bleiben wir gesetzestreu.

Alle Dinge der Welt ähneln sich, weil und wenn
sie vom selben Gott sind. Ihre Ähnlichkeiten
zeigt nur der Menschenwitz.

Lebensweg des Kopfes : Vom andächtigen
Gedächtnis über(s) verdächtige Bedenken
zur gedankenlosen Bedächtigkeit ...

Wer ein richtiger Schriftsteller sein will,
ohne sich der Rechtschreibung zu stellen,
ähnelt einer Schreibfeder, die wegfliegen will.

Verfeinert die Allgemeinheit zu Individuen,
dann die Egoisten zu Allgemeingültigkeiten!

Ein Hirn denkt, also ist es – denkt es. Mein Hirn
denkt nicht, also ist es nicht – also bin ich.

Fast jeder wähnt, dieselbe Welt sei außerhalb und
innerhalb des Kopfes zugleich, der Kopf aber
auch innerhalb und außerhalb von allem.

Bei Gott nicht beileibe. Demokratie ersetzt ein
Redegenie durch einige Dutzende Redetalente.

Geh aufrecht in dich oder verkriech dich in dir!

Die Untersuchungsmethode ist das moralische
Rückgrat und Gängelband des Forschers.

Entweder ist die Herde im Einsamen
oder man in der Herde einsam.

Kenntnisse rauben Vorurteile, Erkenntnisse auch
Vorteile und Bekenntnisse Anteilnahme.

Die Wahrheit vertreibt aus mancher Mehrheit,
doch nicht die Einsamkeit aus jedem Irrtum.

Wie nah muss der Tod schon sein,
um alles Tun und Vorhaben sinnlos zu machen:
50 Tage oder 50 Jahre?

Heftiges Heft

Wer nicht mitteilt, wie er urteilt,
übervorteilt den, der lieber einteilt als austeilt.

Was das Hirn befriedigt, bricht das Herz;
was den Bauch erfreut, bereut der Kopf.

Revolutionär wird der weniger Unterdrückte;
die Ausgebeutetsten rebellieren am wenigsten.

Fast jeder wähnt, alles sei zugleich innerhalb und
außerhalb des Hirns, d.h. die Welt sei so groß wie
sein Kopf.

Das Stehvermögen entgeht
dem aufrechten Gang wie der Kriecherei.

Was vorliegt, vergeht ständig. Wer sitzt und besitzt, liegt im Stehen und steht im Liegen.

Das Alter hat mehr Nichts hinter als vor sich.

Experte: Sprachverständiger oder Sachversteher.

Denk nach, warum so wenig bedenkenswert ist!

Eine originelle Art des Schiffbruchs zu sein, macht ein Leben gelungen.

Wissenschaft und Kunst: Taktlose Eindeutigkeit und taktische (klassifizierbare) Zweideutigkeit.

Ein richtiger Aphorismenband richtet sich nie nach Nachrichten, berichtigt Unterricht, richtet uns ab, nichts aus- und zuzurichten und geht verrichteter Dinge in alle Richtungen zugleich.

Dass er immer der Primus seiner Klasse war, wurde von allen anerkannt, dass er es lebenslang geblieben wäre, nur von ihm.

Welchen Sinn hat und macht „Sinn" und Unsinn?

Das Leben ist der Weg von zwei zu null Seelen
in der Brust : kausaler Wechsel von o.k. und k.o.

Höllhörig. Richte dein Gebet nicht auf Gott,
der sein Wort an dich richtet.

Du kettest dich an die Fesseln,
die du mir anlegst.

Der Alte sieht die Jugend durch seine Jugend
und seine Jugend durch sein Alter hindurch.

Alles in der Schwebe macht nichts leichter.

Mathematik, angewandt auf Natur, ist Physik,
angewandt auf Sprache, ist Logik, und angewandt
auf Ethik ist wertfrei oder wertlos.
Ist Ethik nur angewandte Theologik?

Rechtschreibung ist noch keine Rechtsprechung.

Dem Willen zur Beständigkeit
wird nur Beständigkeit des Willens.

Selig sind die Feiglinge,
denn ihrer ist ein eigenes Himmelreich.

Bist du gut, um vor der Allmacht
oder vor dem Willen des Ewigen zu bestehen?

Willfahrt Er eher deiner unfreiwilligen
Willenlosigkeit oder deinem Unwillen?

Lebenslauf: Aufrechter Wolfgang der Jugend
zum gram- und schamgebeugten Alter.

Der leere Raum war reine Energie mit Weltschöpfungspotential, doch wer schuf das Nichts,
das allqualifizierte Quantenurvakuum?

Vater Staat schied von Mutter Kirche,
um die Eule der Minerva im Labor zu heiraten.

Von Eskapaden zum Eskapismus:
True form is incontent with its contents.

Vita contemplativa : Biedermeierphilisterium?
Nicht jedes behagliche ist beschauliches Leben.

Löscht nicht Götterfunken mit dem Redefluss,
in den ihr aphoristische Säuretropfen gießt!

So viele unterschiedliche Aussprüche und
Ansprüche, geordnet nach Widersprüchen!

Man tut das Gute, das verboten wird,
mehr als das Böse, das erlaubt ist.

Dereismus. Sagt das Tote die Wahrheit,
wenn das Leben lügt und trügt?

Funksprüche als Grabsprüche

Einbildungskraft : TV für arme Geistreiche.

Ewiger Wille zur Ewigkeit *(Schopenhauer)* und der Unwille gegen Vergänglichkeit *(Nietzsche)* erreicht nie die metaphysische Zeitlosigkeit der Logik, der sprachangewandten Mathematik.

Aufstieg ist meist ein Un-Fall, der gefällt.

Aphorismenbände : Einspruchbänder für geistigen Devisenhandel.

Naturschützer gehören so wenig zur Natur wie Naturschänder und handeln unnatürlich.

Für und wider Nichtstuer wird zu viel getan, aufrechter Müßiggang und Gedankengang tut mehr als aufrichtiger Kriech- und Kirchgang.

Es handeln nur Vorbehandelte.

Zwei Fragezeichen ergeben ein Ausrufezeichen.

Ich habe nicht einmal das Niespulver erfunden.

Sogar Macht kommuniziert besser als Recht.

Gottvater gab evolutionäre Selektionsgesetze, und Sein Sohn rettet die Untauglichen?

Die Macht wird mündlich oder schriftlich weder bestürzt noch gestützt oder gestürzt.

Schröpferkraft. Kommen ins Reich Gottes nur alle evolutionär Ausselektierten?

Denken kriegt nur die Macht, an die es denkt.

Himmelschreiende Ungerechtigkeit
wird recht erfolgreich überschrien.

Man hat eine Passion für Aktionen oder Aktien
und agitiert als Patient seine Passivität.

Um seiner Zeit gerecht zu werden, rechtfertigt
man Unrecht und beugt sein Recht nimmer.

Von all seinem Geld hat man vor allem,
dass kein anderer etwas davon hat.

Es gibt zu viel Böses. Man will zu viel Bestes.

Die einzige Leistung des Chefs besteht darin,
Chef geworden zu sein, der nichts mehr leisten
muss.

Zwing dich zu denken, und du bist frei!
Mach, was du willst, und du folgst Trieben.

Nur mit Gewalt kann Recht Mächtige ändern.

Tun ist endloses Machen vollendeter Dinge,
Denken beschränkt sich auf Schrankenloses.

Sei Nonkonformist auf nonkonformistische Art!

Sieh alles wie zum letzten Mal,
d.h. staunend frisch wie zum ersten Mal.

Recht ist Selbstkritik der Macht, nie umgekehrt.

Gut und schön sind wahrhaft nur noch Konzepte
und Pläne, die niemals realisiert werden.

Roués et Ratés. Ewige Wahrheit ist abstrakt,
detailliert nur die utopische Hölle.

Was dir so nahe geht, tritt mir zu nahe.

Skeptische Dogmen, dogmatische Verzweiflung
Kapriolen der Parolen

Dass sich nichts wiederholt,
wiederholt sich wenigstens ständig.

Ausrüstung statt Aufrüstung. Darwin lehrte
den survival of the most clever and most evil.

Gram über nichts ist oft größer als Spaß an allem.

Strafen beweisen zuweilen erst das Verbrechen.

Ist es vom Todestag zum Jüngsten Gerichtstag
länger als von Karfreitag bis Ostern?

Graue Haare schwächen sogar die Grausamkeit.

Junge Grautiere lassen sich graue Haare wachsen.

Atheismus heißt der Glaube,
dass es Glück bringt, nicht an Gott zu glauben.

Forscher suchen Ostereier, die sie als Kinder
(vor sich) selbst versteckt hatten.

Mein Wort will keine Leser verletzen,
sondern nur ihr dickes Fell zeigen.

+ + +

Weiterführendes vom Autor

Trilogie „Philosophische Bedeutungen in tiefenpsychologischen Deutungen"

„Zur Tiefenpsychologie der Philosophiegeschichte – *Kurze Geschichte der unbewussten Weltanschauungen"*, (3. erweiterte Auflage 2015)

„Martin Heidegger – Versuch einer Psychoanalyse seines *Seyns*", (Verlag *Die Blaue Eule*, Essen 1993)

„Philosophische Überlegungen in psychologischen Auslegungen – *Bauchgedanken und Kopfgefühle: Wenn die Seele auf den Geist geht*", 2017

„Martin Heidegger –
Versuch einer Psychoanalyse seines *Seyns*", 1993

„Die Irren sind auch nicht mehr die einzig Normalen"
(Erzählungen), 1997

„Auch der Eskimo klebt an seiner Eisscholle"
(Geschichten und Virtuosenstücke), 1998

„Am schnellsten vermehrt sich die Unfruchtbarkeit –
Essays zur Multi-Kulturlosigkeit"
(Rückblick auf das 21. Jahrhundert), 1998

„Dein Leben hat Sinn – für deine Ausbeuter",
Ein aphoristisches Gesellschaftssystem, 2016

„Objektivität durch Subjektivität oder umgekehrt? –
*Phänomenologischer Entwurf
einer dekonstruierten Erkenntnistheorie"*, 1999

„Nur in der Fremde fühle ich Fernweh"
(Idyllischer Roman), 2000

„Künste und Wissenschaften als verlorene Paradiese –
Essays zur Bedeutung der Kultur-Idyllen", 2000

„Der Mensch ist, was er verg-isst /
Kosmostheorie oder Gemeinschaftspraxis", 2007

„Philosophische Überlegungen
in psychologischen Auslegungen", 2017

„Philosophische Formelsammlung :
*Ambivalente Gedankenexperimente und nachsokratische
Fragmente",* Verlag Königshausen & Neumann, 2012

„Gedankenlesen : Hirnforschung ohne Computertomographen – *Philosophie zwischen Wissenschaft, Kunst und Religion",* DWV Deutscher Wissenschafts-Verlag, 2013

„Die Liebhaber der Sophie –
Philosophiegeschichte in Philosophengeschichten", 2013

„Aphorismen zur Zeitaltersweisheit –
Kopfverdreher, Kopfzerbrecher", 2014

„Ist *Philosophical Correctness* eine Kommunikationswissenschaft? – *Versuche über moderne Versuchungen",* 2015

„Die längste Leine trägt die Freiheit –
Faule Zaubersprüche", 2015

„Quanten, Quarks und Strings im Kopf –
Eintausend neue Aphorismen", 2015

„Die meisten Aufrechten sind unter Gefallenen /
Dumme Sprüche, alte Spiele", 2015

„An sein Innerstes erinnert sich keiner –
Nicht ganz dichte Gedichte", 2015

„Zur Tiefenpsychologie der Philosophiegeschichte : *Kurze Geschichte der unbewussten Weltanschauungen",* 2015

„Mann und Frau befreien sich — voneinander /
Geschlechterkrieg oder Klassenkampf?", 2015

„Zur Dialektik und Phänomenologie
der Natur- und Kultur-Idyllen", 2015

„Wer gut abschneidet, kastriert —
Zurück zur frühromantischen Magie?", 2015

„Nächtliche Streichhölzer —
Aphorismen zur Lebensgewohnheit", (Satiren) 2016

„Esprit und Geisteswissenschaften — *Wechselwirkungen
zwischen Kunst, Philosophie und Psychologie*", 2016

„Fürchte den, der dich fürchtet — Hundert Jahre DADA",
Zwergrätsel zu Spottpreisungen, 2016

„Mit einem Satz ins Freie — *Reflexionen, Urteile
und Sentenzen*", 2. überarbeitete Auflage, 2016

„Kurz und klein — klein, aber fein", *Aphorismen,* 2016

„Gewinner heißen Spielverderber", *Aphorismen*", 2016

„Sei zu klein, um zu herrschen, und zu groß, um beherrscht
zu werden — *Dogmatische Aphorismen*", 2016

Empfohlene Aphorismenbände

„Der Mensch ist, was er verg-isst / *Kosmostheorie gegen Gemeinschaftspraxis*", 2007

"Philosophische Formelsammlung – *Ambivalente Gedankenexperimente und nachsokratische Fragmente*", 2012

„Aphorismen zur Zeitaltersweisheit – *Kopfverdreher, Kopfzerbrecher*", 2014

„Mit einem Satz ins Freie – *Reflexionen, Urteile und Sentenzen*", 2016

„Zwergrätsel, Satiren und Zwickmühlen – *Auswahl von Aphorismen*", 2017